不安定雇用という虚像

パート・フリーター・派遣の実像

佐藤博樹◆小泉静子

勁草書房

はじめに　非正社員は不安定雇用か
――実像を理解するために

(1)　非正社員の増加

正社員が減少し、非正社員が増加している。二〇〇六年では、役員を除く雇用者（以下での雇用者は役員を除いたものである）に占める正社員が六七・〇%で、非正社員が三三・〇%となる(1)。雇用者一〇人のうち三人が非正社員となっている。とりわけ女性では非正社員比率が高くなる。雇用者に占める非正社員の比率は、男性が一七・九%に対して、女性では五二・八%と半数を超えている。

雇用者に占める非正社員の比率は、九〇年代半ば以降に急増していることがわかる。非正社員比率の推移を見ると、九〇年代前半では九〇年が二〇・二%、九五年が二〇・九%と二〇%台で推移していたが、九〇年代の後半に入ると増加し、二〇〇〇年には二六・〇%と二五%を超え、二〇〇三年には三〇・四%と三〇%を超えた。非正社員比率の増加は、女性で顕著であったが、九〇年代の後半になると男性でも非正社員比率が増加した。九六年までは、男性では非正社員が少なく、正社員が主で九〇%台と高い水準で推移していたのである。しかし、九七年以降になると非正社員が増加し始め、正社員が九〇%台を下回り、二〇〇三年には八四・五%と八五%を下回った。非正社員としての働き方は、女性だけでなく、男性の間にも拡大してきたのである。

(2) 非正社員は不安定雇用か

急増した非正社員には多様な働き方が含まれており、企業が直接雇用するパート社員やアルバイト社員だけでなく、派遣会社など人材ビジネスに雇用されて就業先で働く派遣社員や請負社員など新しい働き方に従事する者も含まれている。最近では、学校を卒業してそのまま非正社員の働き方に従事する若者も少なくない。後者の非正社員については、フリーターと呼ばれることも多い。

急増した非正社員については、正社員の雇用機会がないために、やむなく非自発的に非正社員の働き方を選択した者が多く、また不安定かつ低賃金の雇用であり、能力開発の機会も乏しく、働く人々にとって望ましくない働き方であるとの意見も多い。とりわけ若年のフリーターに関しては、キャリアの初期段階で能力開発機会を欠いた雇用に就くことで、将来のキャリア形成に大きなマイナスの影響を及ぼすことが危惧されている。社会的な「格差」拡大の主因が非正社員の増大にあるとの主張もある。こうした結果、望ましくない非正社員の働き方を削減し、非正社員が正社員に転換できるように支援することが社会的な課題として指摘されている。

しかし、正社員と非正社員の働き方を比較すると、雇用機会の安定性、賃金水準、能力開発機会の質などに関して両者で重なる部分が少なくないことが明らかにされている(2)。正社員であっても雇用が不安定で、賃金水準が低く、能力開発機会が乏しい働き方があり、他方、非正社員であっても雇用が安定し、賃金水準が高く、能力開発機会が豊富な働き方があるのである。さらに、非正社員のすべてが正社員の雇用機会がないために、やむなく非正社員の働き方を選択したわけではなく、自発的に選択した者も多いことが知られている。正社員の中に非正社員の働き方を希望する者もいる。また、職業生活の領域別に満足度を比較すると、正社員に比べ非正社員の方が満足度が高い領域やほぼ同水準となる領域も少なくない(3)。例えば、労働時間や出勤時刻などの勤務体制、さらには仕事の内容・やりがいなどがこうした領域に該当する。

上記の結果は、非正社員の働き方を選択した人の中には、正社員とは異なる働き方を非正社員の働き方に求めて積極的に選択した者が含まれている可能性を示唆する。仕事に対する志向あるいは働くことに求める報酬（賃金水準、雇用の安定性、能力開発機会、労働時間や勤務体制の柔軟性など）の内容や優先順位が、正社員と非正社員で異なるのである。つまり、正社員として働いている人の志向や正社員の働き方を基準として非正社員の働き方を評価するのではなく、それぞれを異なる働き方として位置づけて、非正社員の働き方に関しては、それらに従事している人々の志向に即してその働き方の特徴や課題などを明らかにすることが重要となる。この視点からすると、非正社員の働き方の問題点をその働き方に即して理解するとともに、その改善もその働き方の特徴を生かす形で行うことが必要なのである。

(3) 本書の分析対象と構成

本書では、①非正社員の中でも大きな比重を占めかつパート社員の中で中核を構成する主婦パート、②アルバイトや契約社員の中でも若年層を主とするフリーター、③非正社員の中では比率は低いが新しい働き方である派遣社員の三類型を取り上げて、働いている者の視点から、それぞれの働き方の担い手やキャリア、就業実態、働き方の選択理由やその背景、働き方の問題点、今後のキャリア希望などを明らかにする。

分析では、非正社員の働き方を外在的に評価するのではなく、働いている人々の視点からその実像を明らかにすることを基本姿勢とした。第一章でパートを、第二章でフリーターを、第三章で派遣社員を取り上げる。結章では、非正社員として働く人々の視点から、非正社員を活用する企業に視点を移して、非正社員の増大の背景にある企業の人材活用の変化や非正社員を活用する際の課題を整理した。

(4) 分析に利用する調査データ

本書で分析に利用するデータは、リクルート ワークス研究所が実施した「非典型雇用労働者調査」によるものである。この調査は、首都圏五〇キロ圏内（東京都、神奈川県、千葉県、埼玉県、茨城県）で、契約社員・嘱託、派遣、パート・アルバイトの呼称で就業している一八歳から六四歳（学生を除く）を対象として、エリアサンプリングによって実施され、六〇〇〇人（男性一五四〇人、女性四四六〇人）から回答を得たものである。回答者のうち、現在の就業形態をアルバイト・パートと回答した者のうち女性で配偶者がいる者が分析に取り上げた主婦パートであり、フリーターは現在の就業形態をアルバイト・パートと回答した者のうち学生を除いた一八歳から三四歳の未婚男女で、派遣社員は現在の就業形態で派遣と回答した者

である。(4)

調査時期は二〇〇一年二月一四日～三月五日とやや古いが、非正社員が急増した時期であり、担い手や働き方の構造を把握する分析のため、現在との相違は少ないと考える。また、各章では、その後の変化に関して、他の調査で補完する作業を行っている。

註

（1）平成一三年までは総務省統計局「労働力調査特別調査（二月）」に、平成一四年以降は総務省統計局「労働力調査（詳細結果）」による。正社員は正規の職員・従業員で、非正社員にはパート、アルバイト、派遣社員、契約社員・嘱託、その他が含まれており、回答者が自分の働き方に近い呼称をひとつ選択した結果である。

（2）『日本人の働き方とセーフティネットに関する研究：予備的分析』（資料シリーズ一四）労働政策研究・研修機構、二〇〇六年；『働き方の多様化とセーフティネット：能力開発とワークライフバランスに着目して』（労働政策研究報告書No.七五）労働政策研究・研修機構、二〇〇七年などを参照されたい。

（3）佐藤博樹「非典型労働の実態：柔軟な就業機会の提供か？」『日本労働研究雑誌』一九八八年、第四六二号：佐藤博樹「働き方の多様化とその選択：誰のための多様化か」佐藤博樹編著『変わる働き方とキャリア・デザイン』勁草書房、二〇〇四年などを参照されたい。また、厚生労働省の就業形態対象調査を再分析した『雇用の多様化の変遷：一九九四年－二〇〇三年』（労働政策研究報告書No.六八）労働政策研究・研修機構、二〇〇六年を参照されたい。

（4）「非典型雇用労働者調査二〇〇一」に関しては、つぎの四つの報告書がリクルート ワークス研究所から刊行されている。これらは、『非典型雇用労働者調査二〇〇一（全体就業形態別編）』二〇〇一年八月、『非典型雇用労働者調査二〇〇一（主婦パート編）』二〇〇一年九月、『非典型雇用労働者調査二〇〇一（フリーター編）』二〇〇一年九月、『非典型雇用労働者調査二〇〇一（派遣編）』二〇〇二年三月である。本書は、これらの報告書を参照しつつ、原データを再分析し、著者らの問題意識に即して整理したものである。筆者二人は、本調査の調査票の設計および分析に研究会メンバーおよびオブザーバーとして参加した。

不安定雇用という虚像
パート・フリーター・派遣の実像
／目　次

第一章　短時間だが職場の主力を担う人々

――主婦パート

1　パートはどんな人たちか

(1)　中高年層が中心

現在、わが国既婚女性の四七・三%が、なんらかの形で働いており、主婦の二人に一人は仕事をしている。この働いている既婚女性のうちの八割は雇用者であり、自営業主や家族従業者として働いているのはあわせて二割にとどまる。しかもこれら自営業主や家族従業者は、約二〇年の間に半減し、その結果、就業者に占める雇用者比率は一九八五年の五九・五%か

図表1-1　年齢階層別にみた雇用者に占める正社員とパートの割合

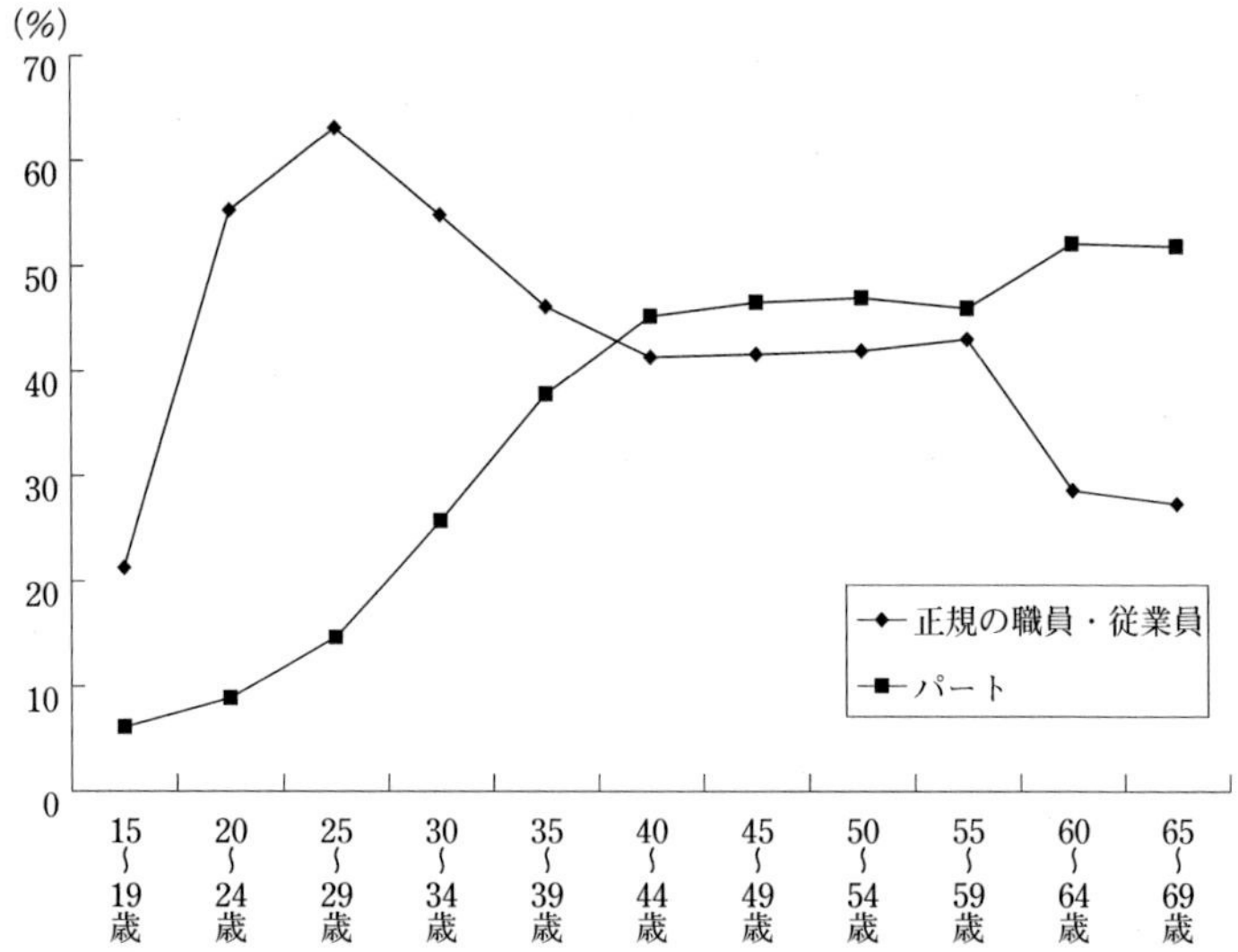

（出所）「平成14年　就業構造基本調査」総務省統計局

ら二〇〇六年の八二・一%へと大幅な増加を示した。一九八〇年代に女性の社会進出に関心が高まったのは、一九八六年に男女雇用機会均等法が施行されたことに加えて、パートなど既婚女性の雇用者としての職場への進出が増大したことも大きく貢献していると思われる[1]。

　雇用されて働く既婚女性のうち正社員・正職員は三六・九%である。最も多いのはパート・アルバイトで、半数（四九・五%）を占めている[2]。年齢別に雇用形態別の比率（図表1-1）をみると、パート割合が正社員を上回るのは四〇歳以上からで[3]、若い年代は正社員の方が多い。見方を変えて、パート就

図表1－2　女性パートの年齢別構成比

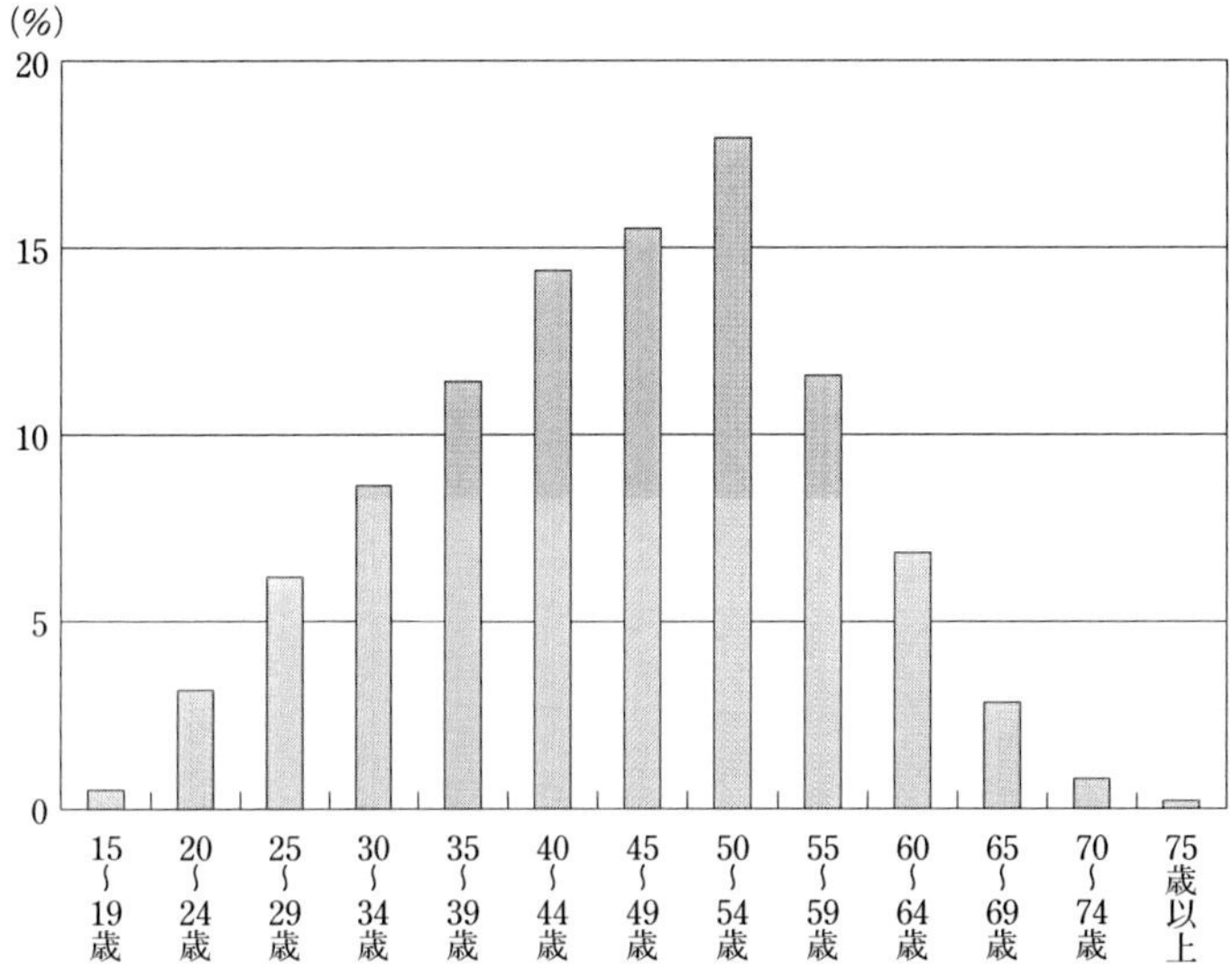

（出所）「平成14年　就業構造基本調査」総務省統計局

業者全体の年齢構成（図表1－2）をみると、四〇～四四歳が一四・四％、四五～四九歳が一五・五％、五〇～五四歳が一七・九％と、この三つの年齢階層で四割以上を占めており、四〇歳から五〇歳代前半が中心ということになる[4]。女性パートの八割は既婚であること[5]、原則的には年齢が高いほど既婚者が多いこと[6]を考慮すれば、既婚者である主婦パートを取り出しても年齢構成は上記から大きく下方にぶれることはないであろう。パートは中高年主婦が中心の働き方といえる。

主婦パートの学歴構成は、六割が高校卒で、短大・高専が一九・〇％、大学・大学院卒は四・五％となっている。

既婚女性正社員では高校卒四七・五％、大学・大学院卒が一四・一％であり、主婦パートでは高学歴層が少ない。(7) 主婦パートの多くを占めている現在の四〇歳代、五〇歳代が高校生であった一九七五（昭和五〇年）～一九八五（昭和六〇年）当時の女性の大学進学率（同世代中学卒業生を母数とする率）は、二〇〇六年（平成一八年）（三八・五％）の約三分の一、一二～一三％強にすぎないことを反映した結果であろう。(8) また、後述するように（第4節1項　どのような仕事をしているか）大卒以上（以下「大卒」と表記）の主婦パートの職種は、「専門職・技術職」および「事務職」とで半数以上を占めており、大卒ではこのような職種を希望している者が多い結果と考えられる。しかし、現実のパート求人職種は販売、サービス、生産工程・労務が三分の二を占めており、(9) 希望職種とは一致していないため、パートの仕事に就いていない大卒主婦がいることが考えられる。大卒パートが少ない背景にはこうした求職職種と求人職種との不一致があると思われる。

コラムA　M字型カーブと変化

一五歳以上の人口に占める労働力人口（就業者、求職者、失業者）の比率が労働力率である。女性の労働力率を年齢別に折れ線グラフで表すと、アルファベットのMの字に似ていることから、M字型カーブと特徴づけられることが多い。一九七〇年代では、M字の底である二五〜二九歳、三〇〜三四歳の労働力率は五〇％にいたらず、大きな凹型を示していた。しかし、その後、M字カーブの底が浅くなるだけでなく、労働力率が低い年齢層も、三〇〜三四歳および三五〜三九歳へと年齢が高い方へシフトすることで、M字の形が変化してきている。ただし、このM字型カーブの底の上昇は、未婚化・晩婚化によって当該年齢層の中で労働力率の高い未婚者の比重が高くなったことによる部分が大きく、有配偶女性の労働力率はほとんど変化していない。

最近一〇年間でもM字の底の上昇が確認できるが、配偶関係別に労働力率を見ると、未婚者と有配偶者の労働力率が安定していることがわかる（図表コラム1-1）。

図表コラム１－１　女性の配偶関係、年齢階級別労働力率

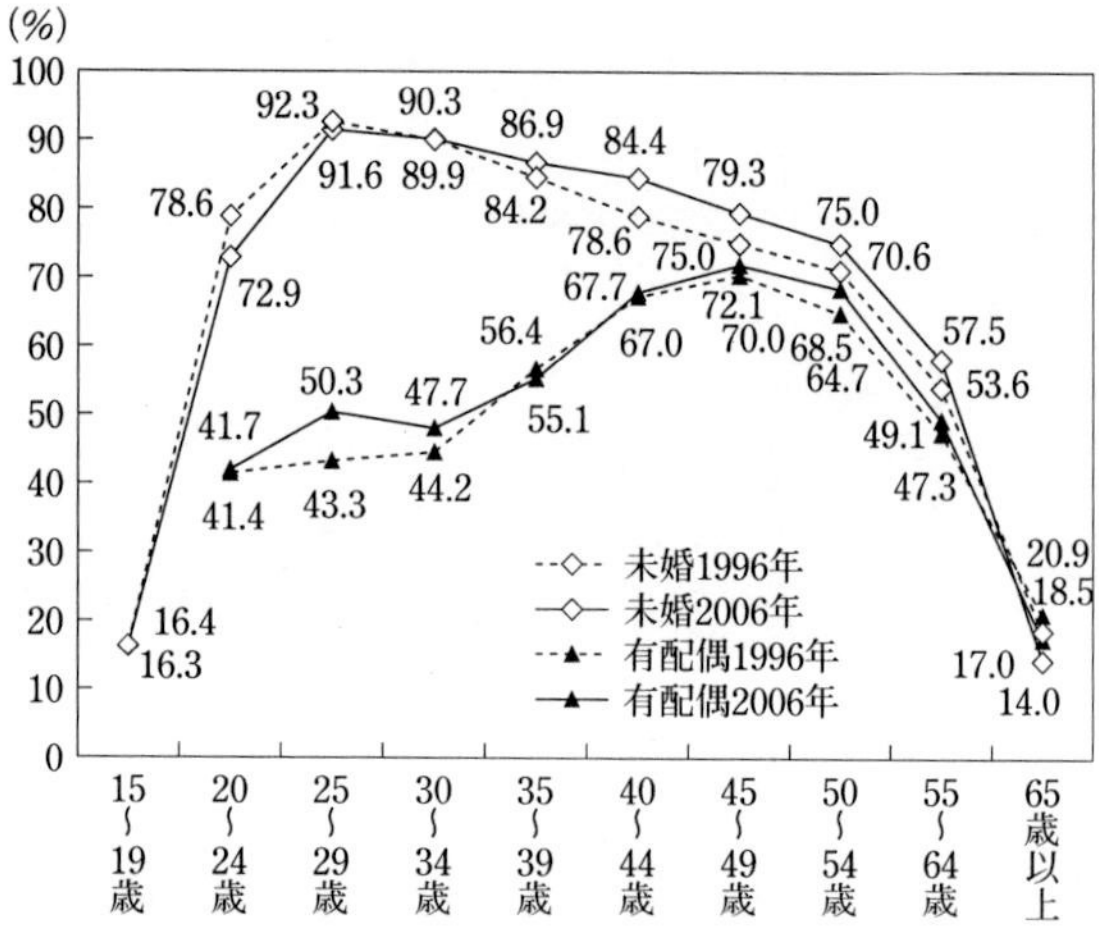

（資料）：総務省統計局「労働力調査」（1996年、2006年）

（出所）『働く女性の実情（平成18年版）』厚生労働省雇用均等・家庭児童局、2007年３月。

(2) 子どもの有無で変わる働き方の自己認識

パートタイマーやアルバイトとして雇用されている人と正社員として雇用されている人とで何が違うか、ということはあまり明確ではない。一九九三年に施行された「パートタイム労働法」（短時間労働者の雇用管理の改善等に関する法律）では〝短時間労働者〟を、「一週間の所定労働時間が同一の事業所に雇用される通常の労働者の一週間の所定労働時間に比し短い労働者をいう」と定義している。しかし、パートあるいはパートタイマーの呼称で雇用されている人の中には正社員と同じような労働時間で働いている人も少なくない。そのため、正社員と同様のフルタイムで働いていても自分は〝パート〟だと認識している人がかなりいることになる。そこで本章では、「非典型雇用労働者調査」において現在の働き方に関して「パート・アルバイト・フリーター」であると回答した者のうち既婚女性を取り出し、それを「主婦パート」と定義して、本章での分析を行うことにする。したがって、本章で分析の対象とする主婦パートには、正社員と同じような労働時間で働いている者も含まれていることに留意されたい。ただし、その比重はそれほど大きくなく、週四〇時間を超える者は一割強である。

ところで、本章で用いている「非典型雇用労働者調査」では、「社員」「パートタイマー」「フリーター」「アルバイト」「契約社員」など一二項目の働き方を示して、自分の働き方の

図表１－３　主婦パートにおける自分の働き方のイメージ（縦計、％）

自分の働き方のイメージ	年齢		最終学歴		子どもの有無	
	24歳以下	35～39歳	大学・大学院以上	高等学校	あり	なし
パート	59.1	80.8	75.2	84.4	83.9	71.9
アルバイト	27.3	12.0	15.0	8.9	8.3	15.0
フリーター	4.5	0.5	0.0	0.5	0.4	1.3
社員	4.5	2.9	2.3	2.4	2.1	4.1

自分の働き方のイメージ	月労働日数		週労働時間		自分の収入必要度	
	16～19日	26日以上	20時間未満	50時間以上	生計維持に必要不可欠	世帯にとっても自分にとっても、特に必要ではない
パート	86.5	65.6	79.8	62.7	85.7	64.6
アルバイト	5.4	15.6	14.2	5.9	6.5	21.5
フリーター	0.6	0.0	0.4	0.0	0.0	1.5
社員	2.3	9.4	0.7	15.7	3.5	1.5

（出所）「非典型雇用労働者調査」による。以下、出所を明記していないのはこの調査によるデータである。

イメージに近いと思うものをひとつ選択してもらっている。その結果によれば、本章で定義した主婦パートの八二・一％は「パートタイマー」と回答しており、パート、アルバイト、フリーターを働き方として選択した既婚女性を「主婦パート」と定義することは、彼女たちの実感とずれていないと言えよう。

ただし、一方で上記で定義した主婦パートの中には、自分を「アルバイト」や「フリーター」だと思っている人も一割（一〇・〇％）にのぼる。

この回答の差は何によるのであろうか。詳細に分析してみると、年齢、学歴、子どもの有無などで、自分の働き方のイメージに関する回答が分かれていることがわかる（図表1－3）。すなわち、年齢が若く、高学歴ではなく、子どもがいない場合は「アルバイト」と回答する人が多い。ただし、年齢が若くても、子どもがいる人は八割前後が自分は「パートタイマー」だと認識しており、年齢よりも子どもの有無が重要な鍵であることがわかる。

月の労働日数も、「一〇日以下」だと「パートタイマー」という回答が少なくなって「アルバイト」が多くなる。一方で「二六日以上」働いている人も「パートタイマー」との回答は少ないが、この場合は「社員」とする回答が多い。また、自分の収入が「世帯の生計に必要不可欠」あるいは「より豊かな暮らしのため」に必要であると思っている人は「パートタイマー」と回答する傾向が強く、「自分のために必要である」あるいは「世帯にとっても、自分にとっても必要ではない」という人は「パートタイマー」であるという回答が六割台か、それ以下に落ちる。

子どもをかかえつつ、生活のためにそれなりの日数を働いている人が、自分の働き方を〝パートタイマー〟であるとイメージしていることが明らかとなった。

2　どこからパートへきたのか

(1)「初職正社員からパート」が主流

現在主婦パートとして働いている人たちの初職（最終学歴の学校を卒業して初めて就いた仕事）をみると、八五・八％が「正社員」である。初職が「アルバイト・パート・フリーター」だったという人は九・八％にすぎない。しかし、近年、初職が正社員以外という人たちが増加しており、主婦パートにおいてもその傾向は同じである。現在の年齢別に初職をみると、二五〜二九歳では二三・九％、二四歳以下では五九・一％もの人が「パート・アルバイト・フリーター」である。しかし、中高年層が中核となっている現在の主婦パートでは、初職が正社員というパターンが主流といえよう。

初職が正社員である主婦パートたちがこれまでに経験した就業形態はあまり多様ではない。正社員およびパート・アルバイト・フリーター以外を経験したことがある人は二割にとどまる。裏返せば、現在主婦パートの八割は、正社員とパートしか経験がないということになる。

一方、別の調査では、初職が正社員であった主婦パートの転職経験は一、二回の人が三分の二（六二・五％）近くを占め、さらにそのうち転職経験二回の人は、転職前就業形態がパートと正社員とで八割を超える(10)。

以上をまとめて非常に大雑把な言い方をすれば、現在主婦パートは、正社員⇩パート、正社員⇩正社員⇩パート、正社員⇩パート⇩パートのいずれかのパターンにあてはまる人が多いことがわかる。

(2) 正社員経験はおよそ五~七年

主婦パートがこれまでに従事した就業形態の経験年数を積み上げた結果をみると、正社員の就業年数合計は全体平均で六八・四ヶ月となっており、およそ五年半である。

前項で、主婦パートの九割近くが初職正社員で、その後パートへと変わっていること、転職回数はさほど多くないことをみたが、その結果からすると正社員就業年数は、基本的には初職の就業年数とみることができる。正社員⇩正社員⇩パートのパターンの人もいるが、いったん労働市場から退出し、中年以降に正社員で再参入するのは容易ではないことから、このケースも前半の正社員⇩正社員は、あまり大きなブランクがないひと続きのキャリアとみなせる場合が多いと考えられる。その期間の平均が五年半ということである。

年齢別に正社員就業期間をみると、年齢が高くなるほど長く、最長は六〇~六四歳主婦パートの八五・八ヶ月、七年あまりである。この層が出産期と考えられる一九六五年時点の第一子出産年齢の平均は二五・七歳[11]となっており、六〇～六四歳層の女性の多くが二五歳半ばあたりで出産を経験していることを示している。つまり、この六〇～六四歳主婦パートの人たちは、高校卒が主体となるため、一八歳で高校卒業後七年勤務し、二五歳に出産、同時に正社員から離職というモデルが描ける。

若い主婦パート層はどうなっているであろうか。三〇～三四歳主婦パートを例にとると、正社員としての就業期間は約四年にとどまっている。この年代が高校を卒業したのは一九八〇年代後半、大学を卒業したのは一九九〇年代前半で、その頃の第一子出産年齢は二七歳前後であるので[12]、計算上は出産前に正社員を離職している可能性がかなりあると思われる。若い年齢層では出産前に結婚やその他の理由で正社員から離職するケースが多いことをうかがわせる結果である。

主婦パートの人たちは、いったん正社員を離職したのち、再度就業している人が多いわけだが、その間のブランク期間はどれくらいあったのだろうか。ここではまず卒業後二つ以上の勤務先を経験した現在主婦パートに、現在と直前の仕事との間のブランク期間をたずねた。全体では「なし」が一〇％強で、「一年未満」が約三〇％、「一〇年未満」「一〇年以上」がおのおの二五％前後となっている。これを、直前職と現在職の間に出産・育児を経験していた人としていなかった人を比べると差は歴然としている。出産・育児を経験していた人には、ブランク期間がない人はほとんどおらず、五年未満と比較的短い人も二五％程度、一〇年以上の長期にわたっている人が半数を超えている。一方、ブランク期間中に出産・育児をしていなかった人はブランク期間なしと一年未満で七〇％以上を占めている。

さらに、直前職が正社員であった人で現職までのブランク期間に出産・育児を経験していた人は四人中三人にのぼるのに対し、パートからパートへと転職した人は四人に一人にとどかない。

これまでは多くの人が正社員から職業生活をスタートし、途中で主婦パートへと移動する過程で出産・育児を経験している様子がうかがえる。そのブランク期間が一〇年以上におよんでいるわけだが、合計特殊出生率（一人の女性が一五〜四九歳の間に産む子どもの数の平均）が低下傾向にある近年、現在三〇歳以下である女性では社会へ復帰するのが早くなることが考えられ、このブランク期間は短くなると推測できる。

3　なぜパートとして働いているのか

(1) 子育て、家事、年収調整が三大制約

ブランク期間の後に仕事に復帰した主婦パートたちの再就職理由は、「働ける時間が持て

るようになったから」が最も多く約六割となり、次いで「自分が働いて収入を得なければならない事情ができた」が約三割で、働ける時間と経済的理由が大きなものとなっている。

こうした理由が主となって仕事に復帰した主婦パートは、いろいろな働き方がある中でパートタイマーを選択したわけだが、そのときパートという働き方を選択せざるをえない状況があったのだろうか。全体では、なにかしら制約条件が「あった」とする回答は六割近くを占め、「なかった」を上回っている。制約条件の内容〔複数回答〕をみると「子どもがいること」をあげる者が最も多く、八割前後にのぼっている。乳幼児期には母親は家庭にいるものという意識が根強いことを示しているとともに、子どもをもちながら安心してフルタイムで働ける、仕事と子育てを両立できる職場が十分には整っていないことを示しているともいえよう。

制約条件の有無は年齢層で異なる。パートに就業したときの年齢が調査されていないため、その代わりに現在の勤務先への入職時年齢でみると、制約条件が「あった」割合は、二四歳以下では半数を割っていたものが、二五～三九歳では六割以上と多くなり、四〇歳を境にして少なくなる。働ける時間ができたので仕事に復帰しようとしたものの、育児をしなければならないという条件は依然としてついてくるために、パートという働き方を選択したという人が少なくないことを示す結果となっている。

制約条件の内容で最も回答が多かったのは「子どもがいること」であるが、これ以外では、「家事をしなければならない」「配偶者控除内で収入を抑える」ことも大きな制約となっており、特に「家事」は年齢に関係なく共通したものとなっている。

五〇歳以上の層で回答が多い制約条件は、「他で希望する仕事の求人はあったが年齢条件で応募できなかった」と「介護をしなければならなかった」である。本調査の実施後には雇用対策法等の改正に伴い、募集・採用において年齢制限はしないよう努力義務が設けられた（二〇〇一年一〇月施行）。さらに「改正　高年齢者雇用安定法」の施行（二〇〇四年一二月）により、募集・採用においては年齢制限を設ける場合はその理由を明示することとされたが、五〇歳以上の年齢層の人たちが再就職した頃は、まだ募集・採用において年齢制限が行われており、年齢が再就職の制約条件のひとつとして大きかったことがわかる。

ところで主婦パートが勤務先を選択するときには「通勤に便利なこと」、「労働時間や働く曜日などの条件があっていること」、「働く曜日や時間を自分の都合に合わせて選べること」などを重視して選んでいるのであるが、実はこの回答傾向は制約の有無にかかわらずそれほど変わらない（図表1－4）。制約条件がなかったという主婦パートも、同じように、働く曜日や時間が選べることや通勤に便利な職場を重視して勤務先を選んでいるのである。制約がないのであれば、もっと自由に広い選択肢から選べばよいと考えられるが、その選択は制約

図表1-4　主婦パートにおけるパートを選択せざるを得ない制約条件の有無別勤務先選択の理由

（%、複数回答）

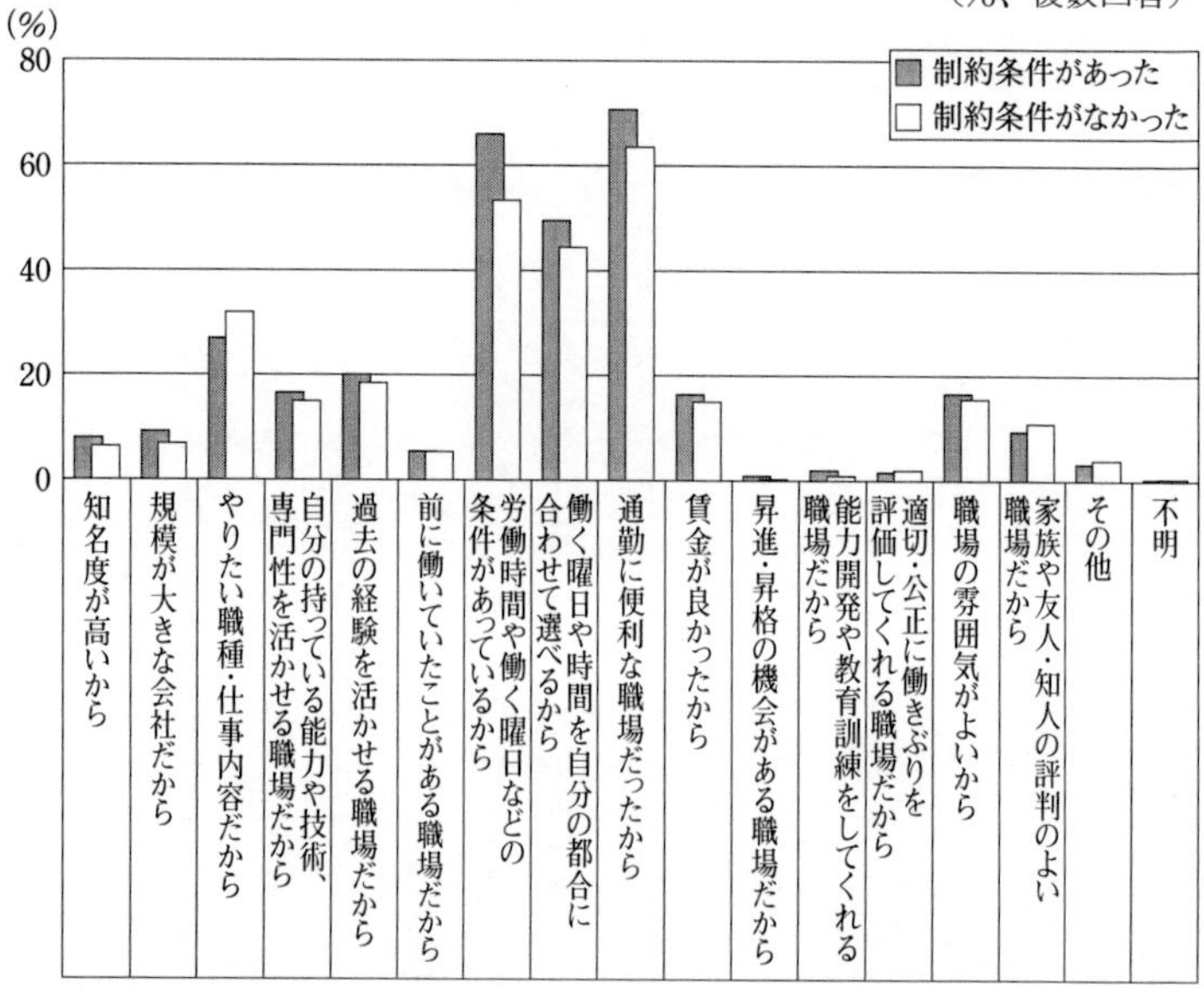

がある人たちと非常に似通ったものになっている。

この背景には、マイペースで自分の生活を楽しむことを優先する姿勢も影響しているようだ。ちなみに「仕事より自分の生活を大切にしたい」との考え方に対して、七七％の主婦パートが「そう思う」としており、「豊かでなくても気ままに暮らしたい」との考え方についても四九％と半数が「そう思う」としている。これらの割合は働き方の選択に制約がある人もない人もほとんど変わりがない。主婦パートは、自分のペースを守るために働く場所、日数、時間数をある程度限定し、自分が思う範囲内で働きたいというニーズが強いようだ。

4　どのような仕事をしているのか

(1) 知人の紹介で販売や接客・給仕

仕事をみつける方法は、かつてはハローワーク（職業安定所）へ行く、新聞求人広告、チラシ、ポスターなどから探すというものが中心であった。現在では有料や無料の求人情報誌、人材紹介会社、インターネットなど、仕事を探す方法は多様になっているが、主婦パートの仕事探しの方法はかなり限定されたものとなっている。最も多いのは「家族や友人・知人」で、次いで「折り込み・投げ込みチラシ」「新聞の求人広告」「店頭などのポスター・貼り紙」が上位にきている。若い層では「求人情報誌」の利用者も散見されるものの、一割に満たない。「インターネット」にいたっては、利用者がほとんどいない。もっとも、本調査を実施した二〇〇一年以降のインターネットの普及テンポはすさまじいものがあり、現在では既婚女性もかなりインターネットで多様な情報を検索することに習熟してきている。そのため以前よりもインターネットを利用した仕事探しが多くなっていることが予想される。(13)しかし、若年男性でもインターネットで転職先をみつけた人は少数にとどまっており、主婦パー

図表1-5　主婦パートの学歴別職種構成〈大分類〉(%)

		サービス職	事務職	生産工程・労務職	専門職・技術職	その他	無回答
全　　体		48.9	16.1	12.3	10.3	12.1	0.3
最終学歴別	中学校	57.8	2.8	25.0	3.9	9.5	1.1
	高等学校	52.0	16.7	13.4	5.9	12.0	0.1
	専修各種・高等専門学校	48.6	12.3	12.6	15.4	10.6	0.5
	短期大学	44.2	20.6	6.9	13.5	14.9	—
	大学・大学院	29.9	21.8	4.3	32.2	11.8	—

トではまだ人脈を利用しての職探しを超えるまでには至っていないと考えられる。

こうして家族や友人・知人からの情報で就職した仕事は、主に『サービス職』である(『　』で表示した職種は大分類である)。ここでの『サービス職』は、「家政婦やヘルパー」などのほか、「接客・給仕」や「商品販売」、「レジ」「調理」などを含んでいる。主婦パートの半分はこうした仕事に就いており、この割合が年齢層によって大きく変わることはない。これらの『サービス職』以外では『事務職』『生産工程・労務職』『専門職・技術職』がそれぞれ一割以上を占めている。以上の四職種で九割近くとなり、主婦パートの仕事はほぼこれに尽きている。しかも、『事務職』はほぼ「一般事務職」であり、『生産工程・労務職』は「製造・生産工程作業」と「その他労務作業」に集約される。

学歴別に従事している仕事（図表1－5）をみると、大学卒は『サービス職』『生産工程・労務職』が少なく、『事務職』『専門職・技術職』が多い。短大卒も『事務職』は多いのだが、『サービス職』は他学歴とそう大差なく、『専門職・技術職』は大卒ほど多くない。大学卒者は、主婦パートとはいっても、職種が他学歴とは異なるようだ。主婦パートの学歴構成のところでも触れたように（第1節1項）、全パート求人に占める専門的・技術的職業と事務的職業の求人の割合はそれぞれ一四％前後を占めるにすぎず、販売、サービス、生産工程・労務が六七％を占めるのである。[14] 今後主婦に占める大卒者がさらに増加すると見込まれるが、大卒者が従事したいとする職種と事業所が求人を出しているパート職種との間のミスマッチが解消されないならば、大卒パートは増えないことが予想される。

(2) 正社員と同じ仕事をしているが、入社三年目以内のレベル

主婦のパートとしての就業の拡大は、女性の就労ニーズの高まりだけではなく、企業側にパート活用のニーズがあったという面も見逃せない。最近では、企業がパートタイマーに期待する仕事は高度化し、求めるスキル・能力が高まってきている。これをパート労働の基幹労働力化と呼ばれることが多い。かつては、正社員とパートタイマーの職域はかなり明確に区分されていたが、パートの仕事内容が高度化することで両者の境界が曖昧となってきてい

るのである。こうした基幹労働力化の結果、正社員とパート社員が従事する仕事が重なる部分が増加し、両者の処遇の違いを合理的に説明できない事例が多くなった。両者の処遇差のうち合理的でない部分を解消するためにパート労働法が改正されたのである。

仕事内容について、自分と同じ仕事をしている正社員がいるかどうかをたずねたところ、「分からない」が二五・六%を占めるものの、「まったく同じ仕事をしている人がいる」が一八・八%、「ほぼ同じ内容の仕事をしている人がいる」が三六・三%にのぼり、あわせて半数以上は自分のパートの仕事内容と正社員の仕事内容の区別があまりないとしている。パート自身としても、自分の仕事は「正社員とやっていることはあまり変わらない」と評価していると言えよう。

企業に対する調査をみても、「職務・責任が正社員と同じパート等労働者がいる」のは四割前後で、特にサービス業においてはパート全体に占めるその割合が五割以上の企業が四三・五%にも達している。(15)

ところで、パートが正社員と同じ仕事をしているといっても、正社員のどのレベルの仕事をしているかで、その意味は異なってくる。そこで、「まったく同じ仕事をしている正社員がいる」と「ほぼ同じ内容の仕事をしている正社員がいる」と回答した主婦パートに、現在の仕事内容が入社何年目の正社員の仕事に該当するかの回答を求めた。「入社一年目」「入社

二、三年目」「入社四年目以上」がおよそ二割ずつとなっている。新入社員のように、言われたことをやるのが主となる「入社一年目」も少なくないものの、〝ひととおり仕事を任せられる、ほぼ一人前〟であると考えられる「入社二、三年目」や、〝中堅社員〟といってもよい「入社四年目以上」はあわせて四割以上となり、主婦パートが従事する仕事が高度化し、企業としてかなり大きな戦力となっていることがうかがえる。

これに対して、同じ仕事をしている正社員がいない場合、つまり正社員とパートの持ち場や仕事の範囲が異なる場合は、「わからない」が六割を占めるとともに、「入社四、五年目」あるいはそれ以上であると回答する者はきわめて少なくなる。同じ仕事をする正社員がいるパートの方が、自分の仕事内容に関して経験が必要なものだという認識を持っていることがわかる。正社員からパートへの仕事の置き換えが進行しているところでは、経験やキャリアが求められる仕事にもパートが進出している一方、正社員と主婦パートの持ち場が切り分けられている職場では、パートは比較的単純な仕事を担当しているという様子がうかがえる。

もうひとつ、パートの仕事内容が単純なものとは限らないことを示すデータをみよう。職場の中で仕事上担っている役割に関する問いに対する回答である。さすがに「正社員の人に仕事の指示をする」は五％と多くはないが、「他の正社員・正職員以外の人に指示をする」は一〇％にのぼり、「職場の雰囲気を盛り上げるなどのリーダー的役割をする」も九％であ

図表1-6　主婦パートの現在の勤務先勤続年数別職場での仕事上の役割（%）

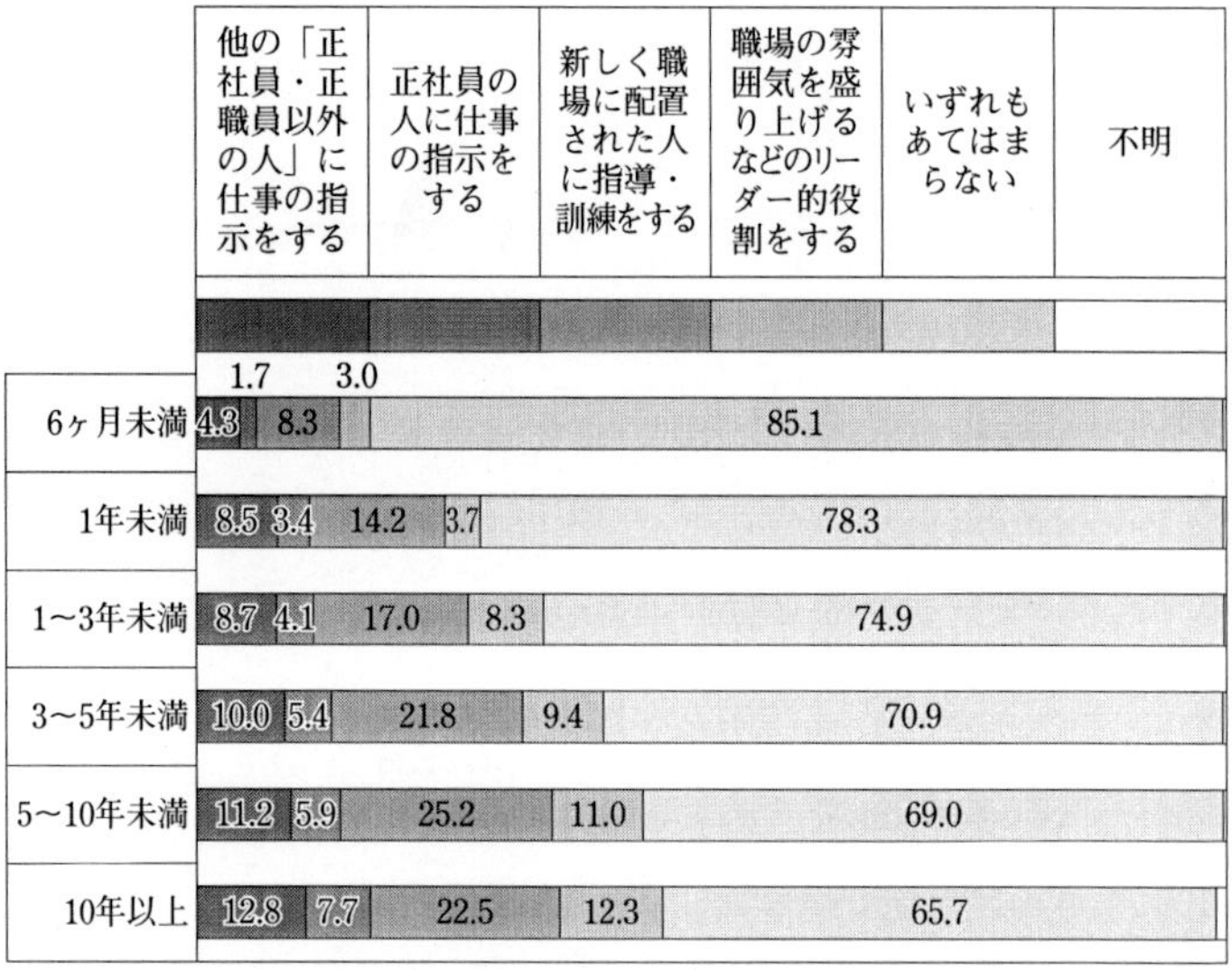

る。さらに、「新しく職場に配置された人に指導・訓練をする」になると、一九%と二割近い。主婦パートといっても、自分の担当の仕事だけをしていればいいわけではなく、職場の中で経験の少ない人たちを指導する役割を担っている。特に、勤続年数が長くなれば、その割合は高くなり、四、五年目以上ともなると二二～二五%は新たに配属された人を指導している（図表1-6）。このように、主婦パートの中には、正社員と同等の仕事をしたり、パートを指導したりと、その仕事のレベルは高い者が相当程度含まれていることがわかる。

図表1-7　主婦パートのパソコンリテラシー

（複数回答：%）

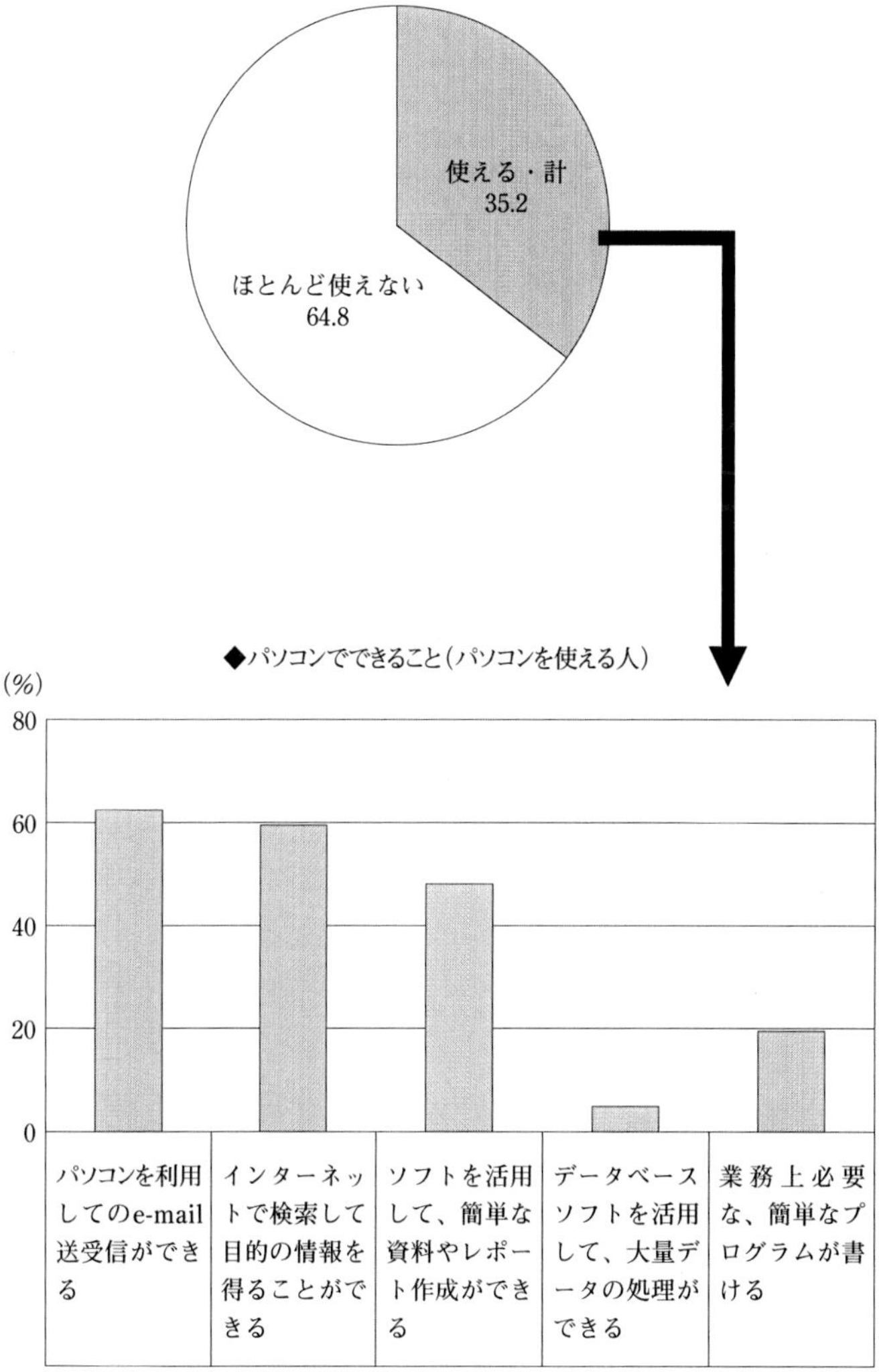

(3) 高学歴者で高いPCリテラシー

インターネットやパソコンは急速に一般家庭にも浸透しており、「非典型雇用者調査」が実施された二〇〇一年には世帯普及率が五〇%を初めて超えた。[16] ここまで普及すると、主婦パートもパソコンに親しむようになっているようだ。主婦パートでパソコンを仕事に「日常的に使用している」は一五・一%、「時々使用している」は九・九%と、程度の差はあれパソコンを仕事で使っている主婦パートは全体の二五%である。五〇歳代以上になると、使用者割合は二割以下にとどまるが、三〇歳代以下は三割以上にのぼっている。仕事でのパソコン使用は学歴が高いほど多く、高校卒では二三・六%、短大卒では三〇・〇%、大学卒では三九・三%となる。高卒主婦パートの仕事が販売やサービスなどの仕事が中心であるのに対し、大卒パートでは専門職・技術職が多いこととも関連していると思われる。

今の仕事でパソコンを使っているかどうかとは別に、パソコンを使えるという主婦パートは三五%にのぼる（図表1-7）。現在職場で使用している割合よりも高い。ちなみにパソコンを使える主婦パートにどのようなPCスキル（前掲図表1-7）があるかをみると、「e-mail送受信」（六二・五%）、「インターネット検索」（五九・四%）、「簡単な資料やレポート作成」（四八・一%）が中心で、「データベースソフト活用」や「簡単なプログラムが書ける」は少ない。

追加的な教育訓練によって、主婦パートもパソコンを使いこなす素地は十分に整ってきているのではなかろうか。特に大学卒者では、「簡単な資料やレポート作成」は三一・八％にのぼり、パソコンを「使える」とした人も六〇・二％となり、潜在的に有能な人材が多いと言える。

5　どのように働いているか

(1)　書面交付は二割強

通常、雇用されると決まった時点で雇用契約が発生する。非正規雇用の場合は、通常の雇用者（正社員）に比べて契約内容があいまいで不都合や不利なケースが多く、トラブルが発生しやすい。そこで、先（第1節2項）に紹介した『パート労働法』の指針（調査時点）では労働条件を明らかにした文書を交付することが努力義務とされていた（二〇〇八年四月施行の改正パート労働法では義務化される）。雇用する際に交付すべき「労働条件通知書（雇入通知書）」に、雇用期間、勤務場所、仕事の内容、始終業時刻と休憩時間、休日、休暇、賃金等を記載するとされていた。主婦パートの中で、そのような「文書を受け取った」という自覚がある人は二二・二％にとどまる。企業に対する調査では、パートタイマーに対する「書面交付」

図表1－8　主婦パートの雇用契約期間の有無と雇用期間の予測（%）

契約期間の有無	雇用期間の予測	構成比	
契約期間あり	希望するだけ	11.7	
	期間あり	6.2	
	分からない	8.6	
期間の定めなし・定年まで		73.5	85.2

は四〇・二%にのぼる。[17] しかし、パートの場合は、パート以外の「その他」（正社員以外の労働者で、一週間の所定労働時間が正社員と同じか長い労働者）に比べて「口頭説明」が多く、パートへの労働条件明示がやや簡便な方向にあることをうかがわせている。

書面で労働条件の明示をされた人は少ないが、口頭での説明を受けている人は多いわけだが、その条件のうち契約期間がどうなっているかをみると、「期間の定めはない」（定年までの雇用を含む）という回答が七割を超える。つまり、有期契約は少ない。また、有期契約について契約期間を調べると、一年未満の短い契約であるという回答も少ない。基本的には「一年以上」の〝長期〟雇用契約だという認識である。

さらに、雇用期間に定めがあるとした者を取り出して、どれくらいの期間雇用してもらえると考えているかをたずねた結果では、その半数弱が「希望するだけ雇用してくれると思う」と回答している（図表1－8）。つまり、雇用契約期間に定めのある有期契約の主婦パートでも、契約が更新され、希望するだけ雇用されると考えている者が多いのである。

調査実施時点においては、一年を超える契約は無期雇用契約とみなされており、一年以上の有期雇用契約はありえない（労働基準法の改正によって、二〇〇四年一月から有期契約の上限が一年から三年に延長された。この上限期間を超える契約を結んだ場合、雇用契約期間に定めのない契約にみなされる）。したがって上記の調査結果は、主婦パートのすべてが必ずしも有期雇用契約というわけではないことを示している。また、多少は回答者の誤解もあるのだろうが、仮に有期契約雇用であっても、事実上は契約更新が続くケースが多いため、雇用契約期間に定めがないとの回答を増やした可能性もある。さらに、企業の中には雇用に関する法概念が浸透しておらず、法に則った契約をしていないところもあろう。

雇用契約やその期間がどのような形であれ、実際の主婦パートの勤続期間はかなり長い。現在の勤務先での勤続期間は三人に一人は五年以上で、平均は四・五年である。さらに、現在の勤務先での今後の予想される雇用期間をたずねると、有期契約であっても「希望するだけ雇用してくれると思う」が半数を超えている。

現在、雇用契約期間の定めがない（定年までの雇用を含む）人、および契約期間の定めがあっても希望するだけ雇用してくれると予想している人をあわせると、主婦パート全体の八五％にのぼる（前掲図表1-8）。このことから、主婦パートであっても比較的長期にわたって同じ勤務先で働くことの可能性が高い者が多いことを示している。言い換えれば、パートの雇用が一概に不安定とは言えないのである。

(2) 通勤は徒歩か自転車で一五分以内

勤務先選択の三大理由のひとつは「通勤に便利な場所」であった。実際の片道の通勤時間は平均で一六・七分での過半数は片道一五分以内の職場である。全国の男性雇用者の平日の平均通勤時間が五六分であること[18]と比較すると、主婦パートの通勤時間が短いことがわかる。通勤に一時間以上をかけている人は三・七%と、きわめて少数である。しかも、通勤手段として公共交通機関を利用する者は、電車、バスとも二割に満たない。主婦パートは「通勤に便利」な職場を選んで働いていることがわかる。

また、今後も働き続けたいとする人たちの六八・四%は「徒歩か自転車で通勤できる範囲内」での仕事を希望しており、今後も遠い職場で働くことは考えていないようである。後に述べるように、現在働いている主婦パートの八割が就労継続を希望していることから、この遠距離通勤を想定していないという回答は主婦パート全体の傾向とみてよいであろう。

ところで、先に主婦パートの片道の通勤時間は平均で一七分足らずと述べたが、分布をみると通勤時間が長い人もいる。片道の通勤時間が三〇分以上の人は二割近くになる。勤務地

図表1－9　主婦パートの勤務地希望と現在の通勤手段（%）

	希望の勤務（縦計＝100%）	通勤手段（複数回答）						
		電車・地下鉄で	バスで	自転車で	バイクで	クルマで	徒歩で	不明
就業時に近所の人と顔をあわせない範囲	22.4	31.3	11.1	45.4	2.5	15.1	20.4	0.6
就業時に近所の人と顔をあわせる可能性がある範囲	6.9	8.2	7.5	52.1	1.4	9.6	32.9	0.7
どちらでもよい	70.2	15.7	10.1	50.2	3.7	17.2	28.3	0.2

の希望として「就業時に近所の人と顔をあわせたくない」人は、「あわせてもよい」人より現在の通勤時間が平均で一〇分近く長い。また、「就業時に近所の人と顔をあわせたくない」人は、通勤手段として電車や地下鉄を使っている人が三割を超えて、「あわせてもよい」人の三倍以上になっている（図表1－9）。顔をあわせたくないから、徒歩や自転車では行けない職場や通勤時間が長くなってもやむをえないと考えた選択と思われる。近所の人と顔をあわせたくないとする割合は、学歴が高いほど多くなっており、主婦パートという働き方の心理的位置づけが学歴によって異なることを示唆している。

(3) フルタイムで働くパートは一割強

主婦パートは何時間くらい、どの曜日に働いているのだろうか。週の労働時間でみると「二〇～二五時間」が二二・九%で最も多く、一五～三〇時間に全体の半数がおさまる。働

図表１-10　主婦パートが働いている曜日(%)

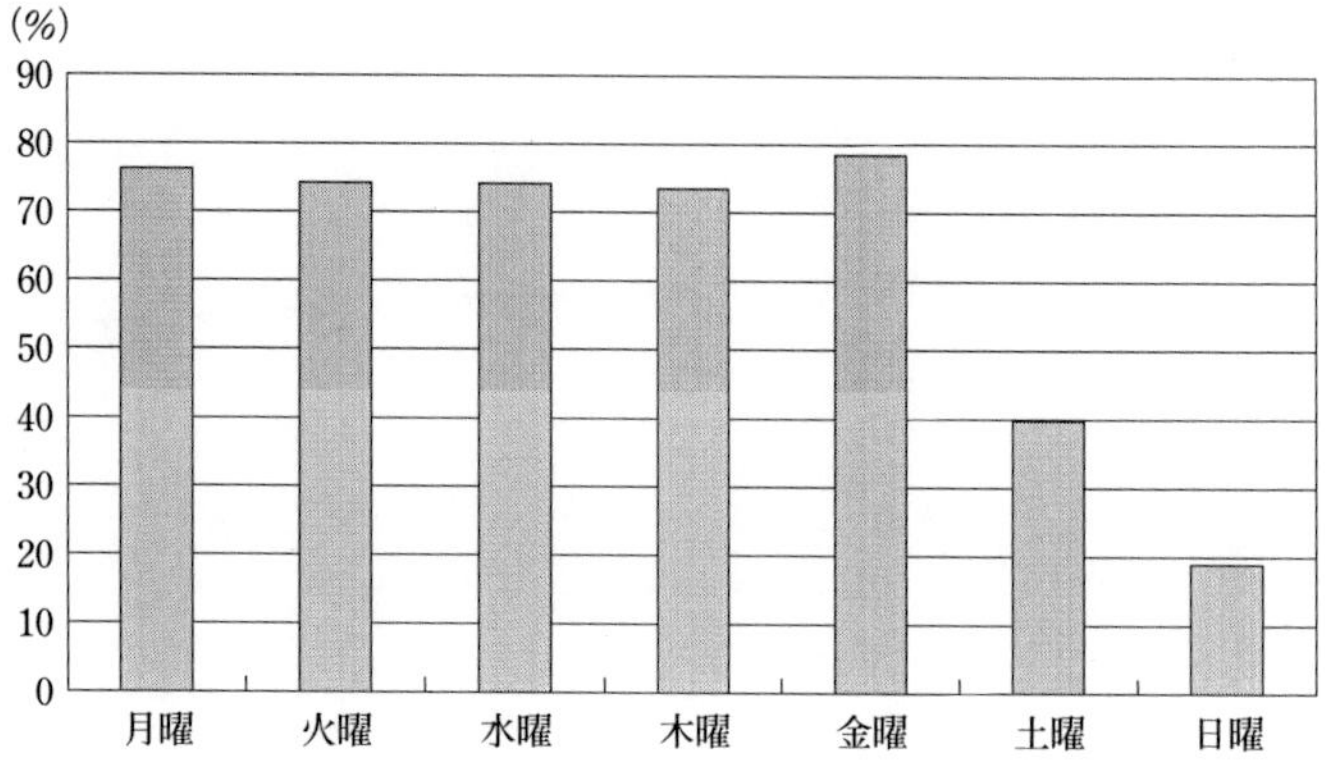

図表１-11　主婦パートが働いている時間帯（火曜日に働いている者)(%)

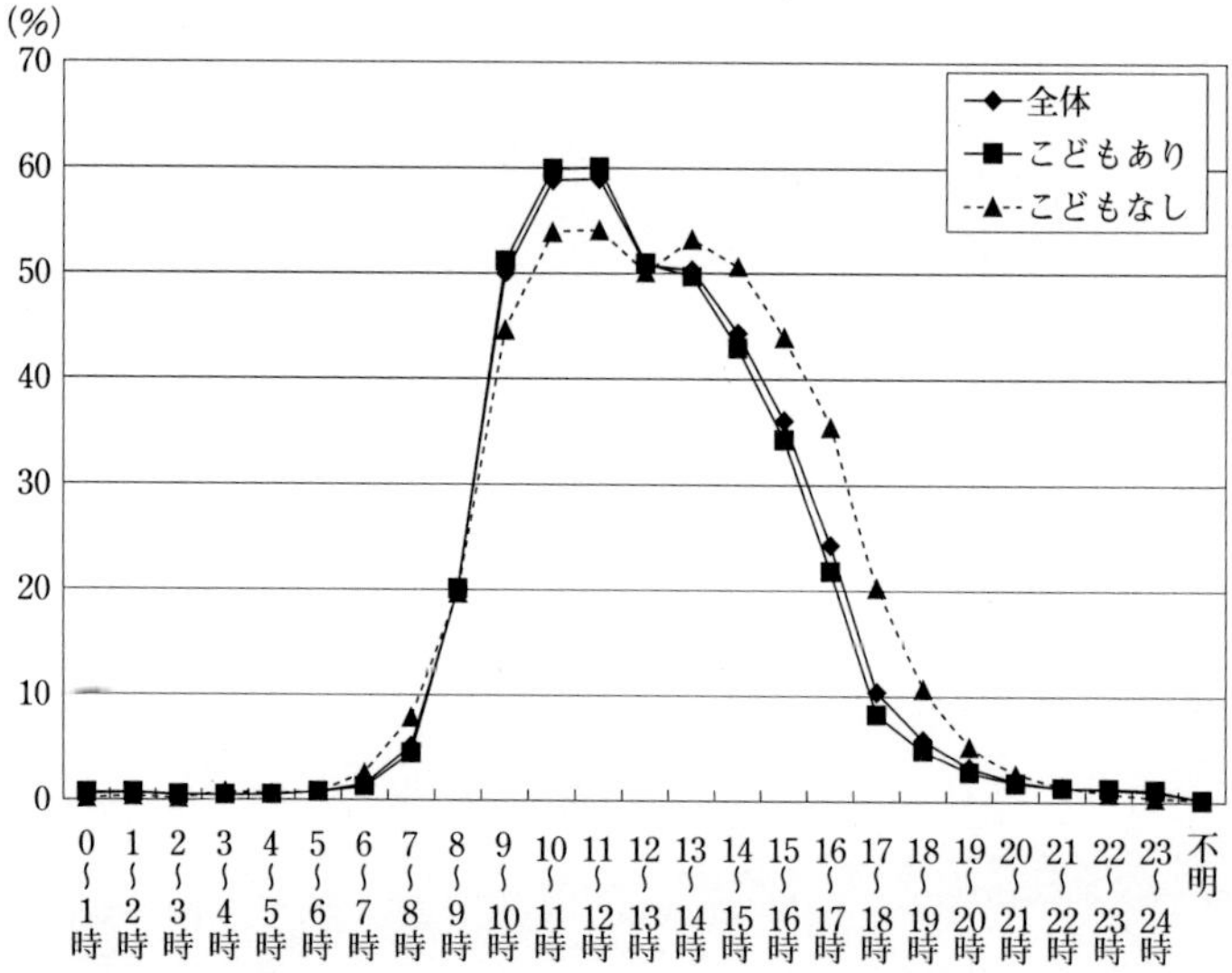

く曜日では、主婦パートでは、やはり平日が多く、月曜から金曜まではいずれも四人に三人が働いている（図表1－10）。ただ、土曜日では四割、日曜でも二割が働いている。主婦パートといっても勤務曜日でみて多様な働き方をしていることをうかがわせる。

火曜に働いている者を取り出して、勤務時間帯（図表1－11）をみると、九時～一四時では働いている主婦パートの比率が五〇％を超えている。九時以前および一六時以降は二割台かそれ以下と比率が下がる。つまり、主婦は昼をはさんだ四、五時間を就業にあてている人が多い。末子の年齢が五歳以下とそれ以上のグループで比較しても働いている時間帯に大きな差はなく、子育ての都合だけでそれらの時間帯を選択しているのではなさそうである。主婦パートを雇用する側のニーズも反映していることも考えられる。

しかし、こういう人たちばかりではない。先に、「パート労働法」での「短時間労働者」の定義にふれたが、本章で分析する主婦パートにはその定義からもれるパートタイマーが存在する。週に四〇時間以上働いている主婦パートが一二・八％にのぼるのである。呼称ではパートであるが、労働時間がフルタイム勤務であるいわゆる〝フルタイムパート〟（厳密には「パート呼称のフルタイム勤務者」が正確であろう）と呼ばれる人たちだが、この割合は子どもがいない場合には一九・〇％とさらに多くなる。

次に週に働く日数をみると、「三日以下」は二四・七％で、「四日」は二二・六％、「五日以上」は、五二・七％にのぼる。かなりの主婦パートが週四日以上勤務である。また、週の労働時間が四〇時間以上である主婦パートでは、そのほとんど全員が週五日以上働いている。他方、週の労働時間が四〇時間未満の人の場合は、週の勤務日数は四日以下が半数となる。

また、週の労働時間が長い者ほど「まったく同じ内容の仕事をしている」正社員が勤務先にいるとする回答が多くなり、週労働時間が四〇時間以上ではその割合が三割を超える。他方、週の労働時間が二〇時間未満ではその比率は一三・四％にとどまる。労働時間が長くなるにつれて、主婦パートが正社員の仕事に進出している状況がうかがえる。このように労働時間からみても、仕事内容からみても、従来の「補助的労働力」という概念にあてはまらない基幹労働力化した主婦パートが出現していることは確実と言えよう。

(4) 平均時給は一〇六二円

非典型雇用者が増加してきた背景には、企業が人件費を圧縮する、あるいは変動費化するという目的があった。現に、パート社員を雇用している事業所の雇用理由は「人件費が割安だから」が他に比べても高い回答となっている。[19] 企業調査でパートの賃金決定項目をみると、最も高いのは「同じ地域・職種のパートの賃金相場」（六七・四％）であるが、「仕事の困難度に応じて」（二六・五％）や「経験年数に応じて」（二五・一％）がこれに次いでいる。[20] つまり、近年ではパートの基幹労働力化という目的で、仕事の内容や、同じ仕事でも職業能力に応じて賃金水準を決める賃金制度を導入する企業も増えているようである。

ここではパートの賃金水準がどれほどなのかをみていくことにする。

パートタイマーやアルバイトの募集では、賃金は時給で表示されていることが多い。本調査で現在の給与をたずねる際に、時間給、日給、その他（月額）の三種類の賃金形態別の回答欄を用意した。まったく賃金形態について回答しなかった人は一割にみたず、四分の三は時間給を記入していたことからも、主婦パートの賃金は時間給が多いと考えられる。

時間給について、日給や月額の人もおおまかながら時間給換算をして分布をみたところ、八〇〇〜八五〇円未満が二二・五％で最も多く、その前後（七五〇円〜九〇〇円未満）で半数を占める。平均は一部の高額時給が影響して一〇六二円と一〇〇〇円を超える。年齢階層別には、五五〜五九歳でやや賃金水準が高いほかは大きな差はない。

職種別にみて平均時給が高いのは、「その他の専門的・技術的職業」が二〇〇〇円台で、「生活衛生サービス」（一四八三円）、「医療・介護関連専門職」（一三一六円）、「家政婦・ホームヘルパーなどのサービス職」（一二三七円）が平均を一七〇〇円以上も上回っている。職種小分類でみるとサンプル数がかなり少なくなるため、平均時給を比べられるのは一九職種にすぎないが、そのうち一二職種は一〇〇〇円未満で、少数の時給が高い職種が平均を押し上げていると考えられる。

先ほど述べたフルタイム勤務で働く主婦パートの時給はどのような水準にあるのだろうか。週の勤務日数別および週の労働時間別では平均時給にはあまり差がみられない。どちらかといえば、週の勤務日数が多くかつ週の労働時間が四〇時間以上のパートの方が時給が低くなる。時給が低いゆえに、必要な収入を得るため労働時間が長い、あるいは勤務日数が多くなるとも考えられる。週に四〇時間以上働いている主婦パートでは、勤務先に自分と「同じ仕事をしている」正社員がいるとする回答が多かったにもかかわらず時給が低いということに、パートをめぐる処遇上の問題が顕在化しているとも言えよう。

主婦パートの賃金が低い水準に抑えられるのは、主婦の側に配偶者控除を受ける、または社会保険の被扶養者にとどまるために年収額を一定額におさめたいというニーズがあることがよく知られている。実際に年収調整（就業調整）をしている主婦パートは四九・一％とおよそ半数にのぼり、この割合は年齢や学歴によって大きな差はない。しかし、「年収調整をしていない」と回答した主婦パートも、その年収が一三〇万円以上であるのはおよそ二割にとどまり、平均は九五・七万円、時給に換算すると九六〇円である。年収調整をしている主婦パートの平均時給は九一五円で、それを上回っているとはいえ、その額は大きくない。

以上のような賃金水準について、主婦パート自身はどのように感じているであろうか。賃

図表1-12　主婦パートにおける正社員と比較したスキルの自己評価別にみた賃金水準評価

（「安い」とする比率、%）

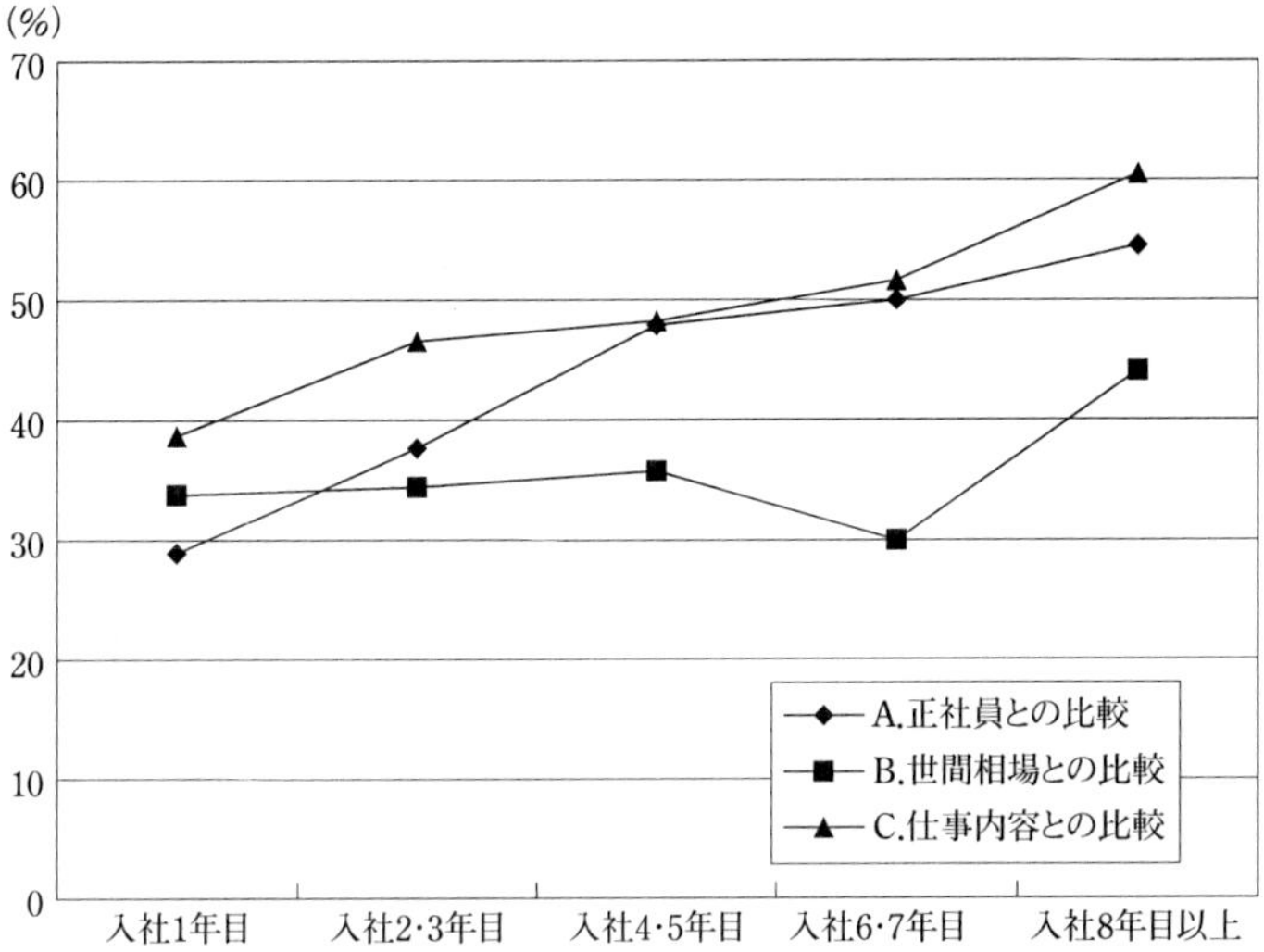

金水準に関する評価を、①同じ程度の能力をもつ正社員と比較して、②世間相場と比較して、③実際にしている仕事の内容と比較して、という三つの基準からたずねた。その結果では、いずれも「妥当だと思う」が最も多く、四割を超えていた。ただし「安いと思う」も決して少なくはなく、特に③仕事内容との比較では四〇・三%が安いと感じており、三つの比較の中では一番不満が強い側面である。

賃金水準に対する評価は、自分のスキル評価（何年目の正社員に該当するか）が高い者ほど「安い」と感じる者が多くなる（図表1-12）。自己評価がスキル一年目である主婦パートでは、正社員との比較あるいは仕事内容との比較で「安い」とする割合が三〇%前後にとどまるが、スキルが六、七年目以上と自己評価する者では割合が五〇%を超える。キャリアを積んだ主婦パートでは賃金水準への不満が強い。ただし、世間相場との比較では「安い」とする割合は、八年目以上で四〇%台と多くなるものの、その他はスキルの自己評価別にみて大きな差はない。自分のスキルが評価された賃金水準であってほしいと思うものの、世間相場として現在の金額を受け入れざるをえないと考える主婦パートが多いのであろう。これは、年収調整をしているかどうかに関係なく、共通して当てはまる。スキルの自己評価が高い主婦にとっては、年収調整をしていてもスキルや経験は正当に評価してほしいと望んでいるようだ。

コラムB　主婦パートの「就業調整」

主婦パートの「就業調整」とは、税制や社会保険制度によって設定された一定の条件を満たすために、労働サービスの提供を調整する就業行動を指す。これは以下のような事情によって引き起こされたものである。

税制面では、主婦パートの年間収入が一〇三万円以下（非課税限度額）であれば、所得税がかからない。それのみならず主婦パートの配偶者（夫）は、妻の収入が一四一万円までは妻の収入に応じた配偶者特別控除が受けられる（夫の年収が一〇〇〇万円を超えると配偶者特別控除は適用されない）。また主婦パートは、一定年収までは、厚生年金や健康保険などの社会保険の保険料を自己負担しなくてよい。以上によると、主婦パートの年収が一四一万円以上になると、税金を払いかつ社会保険に自分で加入することになり、税や社会保険料の負担が増え、その結果、手取額が減少することになる。

さらに、年収が一〇三万円を超えると夫の勤務先から配偶者手当が出なくなる場合も少なくない。企業の多くが、配偶者手当の支給基準額を妻の年収額が一〇三万円以下（非課税限度額）に設定しているためである。夫に配偶者手当がある場合、年収が一〇三万円を超えると、配偶者手当がなくなり、世帯の可処分所得の減少をもたらすことになる。

以上の結果、主婦パートの多くは、年収一〇三万円を超えて働きかつ手取額収入を増やすためには、労働時間を相当増やすことが必要となる。他方、主婦は所得よりも余暇選好が強いため、手取額を増やさずに、一定年収を超えない範囲内で働くことを選択しやすくなる。この行動が「就業調整」と呼ばれている。

「就業調整」は、企業のパート管理をむずかしくしている。例えば、技能が高まり時間給が上がると年収が増える結果、一定の年収を超えないように労働時間を減らしたり、年末に仕事を休んだりする者が増えるため、要員計画が立てられなくなるなどの問題が生じるのである。こうした事態を避けるため、主婦パートが希望する年収額の中に賃金が収まるように、労働時間や出勤日をきめ細かく管理し、突発的な欠勤等が生じないようにしている企業も少なくない。

「就業調整」は、パートの労働条件向上や人的資源投資を阻害するものであり、その解消が課題となっている。非課税限度額の引き上げで解決しようとの提案もあるが、それは正社員のパート化を促進するなど、正社員を含めて働く既婚女性の就業調整を一層強化することにもなりかねず、問題の根本的な解決にはならない。非課税限度額の引き上げではなく、女性の就業行動に対して中立的な税制に改革することが必要となる。ちなみに、現在、パートへの厚生年金の適用拡大が検討されている。

(5) 少し働いて高い時給の大卒パート

前項で、七五%の主婦パートは週に四日以上働いていることを述べたが、裏返せば四人に

図表1-13　主婦パートにおける週3日以下勤務者と週4日以上勤務者の比較(金額以外は%)

	現在就業形態選択時の制約条件があった割合	年収調整をしている割合	自分の収入が主な生計源である割合	直近1年の年収(万円)	現在の時給(円)	現在の職種			
						サービス職	生産工程・労務職	事務職	専門職・技術職
週4日以上勤務者	57.2	49.8	50.4	97.4	820	50.3	13.8	16.0	8.2
週3日以下勤務者	59.9	47.1	28.8	65.5	1270	44.2	7.5	16.5	16.7
計	57.9	49.1	45.0	89.5	931	48.8	12.3	16.1	10.3

一人は三日以下しか働いていないことになる。短日勤務者である主婦パートにはどのような特徴があるだろうか(図表1-13)。

現在の就業形態選択時の制約条件があった者の割合は、週三日以下勤務者(短日勤務者)と週四日以上勤務者の間に差がなく、やむをえない結果として短日勤務の働き方を選択したのではないことがわかる。また、年収調整をしている割合もほとんど差がない。大きく異なるのは、「自分の収入が主な生計源であるか否か」という点である。短日勤務者は、約七割が自分の収入が主な生計源ではないとしている。しかし、時間給は、週三日以下の短日勤務者の方が高く、週四日以上勤務者の八二〇円に対し、一二七〇円である。職種でみると、短日勤務者は週四日以上勤務者に比べて「専門職・技術職」が多く、「サービス職」「生産工程・労務職」など一般的に賃金水準が低い職種についている人が少ないことが影響していると思われる。

この短日勤務者は学歴が高くなると多くなる。短日勤務者は、高卒で二〇・九％だが、専修・各種学校卒では二七・一％、短大では三三・八％、大学・大学院卒では三九・一％となる。

大学卒は、週の労働時間も最も短くなる。週の労働時間は、高校卒で二五・一時間なのに、大学卒では二〇・〇時間である。四〇時間以上のフルタイム勤務のパートの割合も大学卒では五・七％と他学歴を下回っている。

一方、時給額をみると学歴間の水準差は大きい。高校卒を一〇〇としたときの指数でみると、専修学校・各種学校卒は一〇二とほぼ同水準であるが、短大卒は一二〇、大学卒では一四九と、実に一・五倍にはねあがる。これは、職種別の時給水準でみたように、専門的・技術的職業では突出して高い時給があり、その仕事についているのが大卒以上だ、ということである。大卒主婦パートの中には、同じパートといっても、時給の高い専門的な仕事に就き、しかも生計を担っているわけではないので、週三日以下の短時間勤務の層があることがみてとれる。

図表1-14　主婦パートにおける仕事の領域別にみた満足度（%）

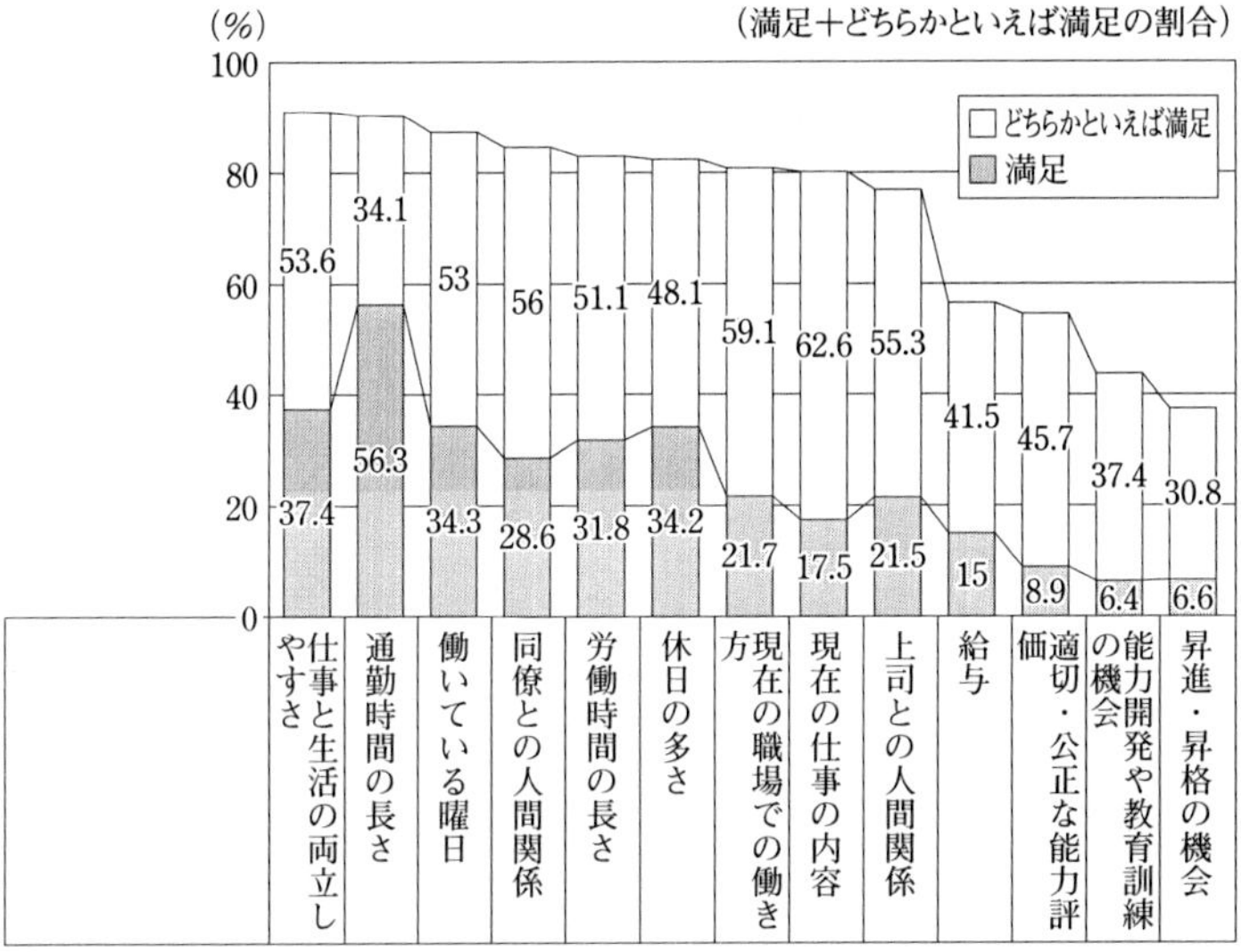

6　働き方に満足しているのか

(1)　働き方や勤務先には満足

現在の働き方や勤務先に対して、主婦パートたちはどのように感じているだろうか。

就業形態については、「満足」が二三・六%、「どちらかといえば満足」が五五・二%と、あわせて八割近くもの人が満足している。勤務先についてはさらに満足度が高く、「満足」（二二・〇%）と「どちらかといえば満足」（六二・〇%）をあわせた割合は八割を超えている。学歴別でも、年齢階層別でも大きな差はみられない。かなり高い満足度である。

具体的な項目別に満足度（図表1－14）をみると、「通勤時間の長さ」では五六・三％（「満足」＋「どちらかといえば満足」、以下同じ）と最も満足度が高い。次いで「仕事と生活の両立しやすさ」「働いている曜日」「休日の多さ」「労働時間の長さ」がいずれも三割台である。こうしてみると、時間的な条件についての満足度が高いことがわかる。時間の条件が満たされるので、仕事と生活が両立でき、結果として現在の働き方に関する満足度の高さにつながっていると考えられる。主婦にとっての働くことにかかわる三大制約条件のうちの二つである家事と子育てのためには、なにより時間的条件が重要であり、現状の働き方ではそれが満たされているとみることができよう。

満足している人が少ないのは、「能力開発や教育訓練の機会」「昇進・昇格の機会」「適切・公正な能力評価」などである。

(2) 昇進・昇格や正社員登用への関心は高くない

正社員と同じ仕事をしている主婦パートがかなり存在することをみた。およそ半分くらいの人が、勤務先には「同じ仕事をしている正社員がいる」と回答していた。しかも、パートとしての賃金水準は正社員と同じ仕事をしていようがいまいが、大きな違いはない。しかしながら、昇進・昇格や正社員登用、教育にあまり関心がないようにみえる。

図表1－15　主婦パートに適用されている制度と適用を希望している制度（％）

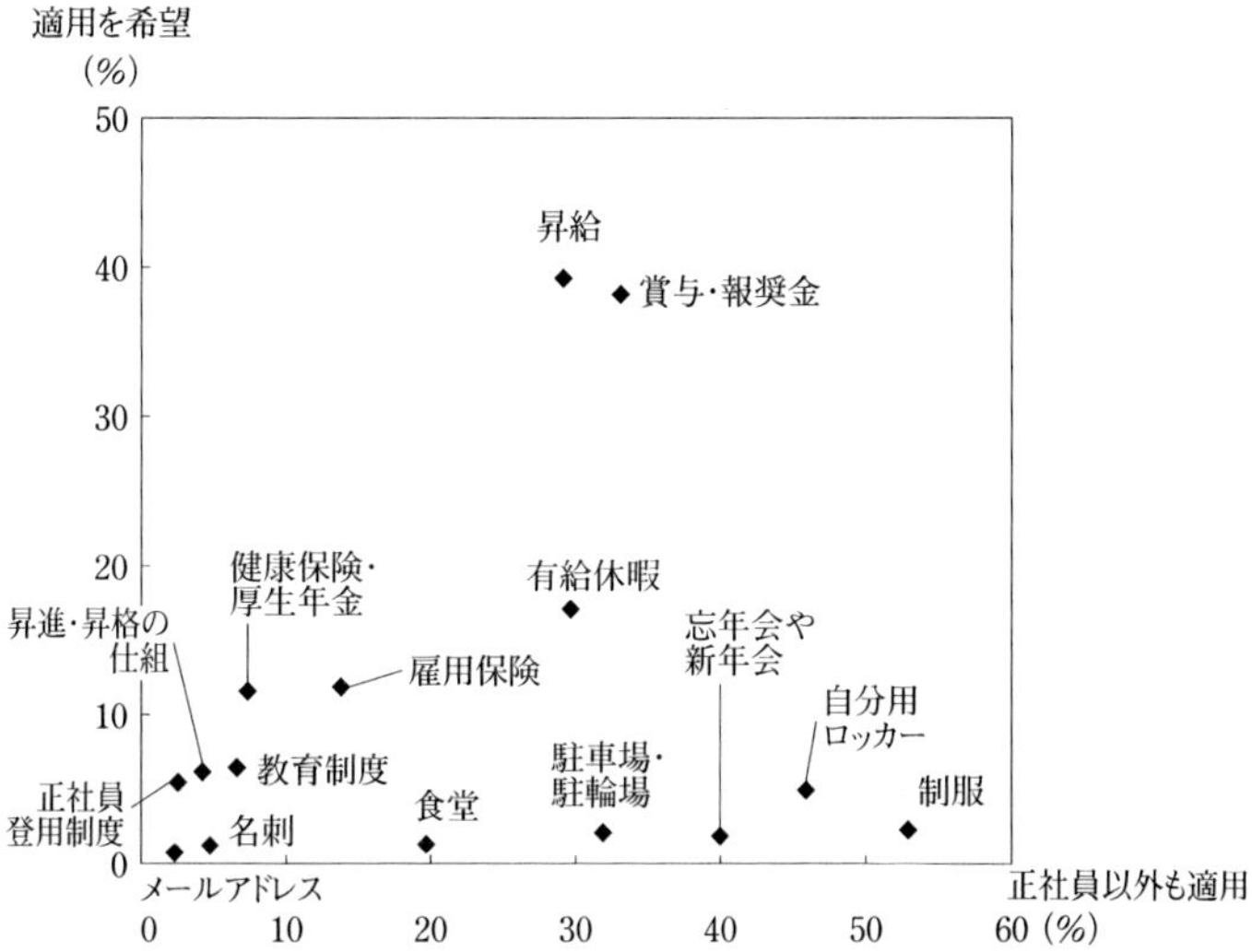

こうした制度への関心を明らかにするために、いくつかの人事管理制度をあげて主婦パートが自分に適用してほしいと希望するものの回答を求めたところ、賞与・報奨金と昇給が群を抜いて高かった。これらはすでに自分たちに適用されているとする回答も三割程度と高いが、適用されていない人たちにとってはなによりも強く希望するものであることがわかる（図表1－15）。

有給休暇、雇用保険、健康保険・厚生年金の適用を希望する者も多いが、一二～一七％程度にとどまっている。賞与や昇給に比べて現在適用されている割合が高くないにもかかわらず、さほど希望も強くない。ところが、昇進・昇格の仕組みや正社員登用制度、資格やスキルを得るための教育制度は、さらに希望する割合が低くなる。現在、自分に適用されている割合が三〜七％、希望する割合が六〜七％と休暇や保険・年金よりも一段と低くなる。企業に対する調査では、パートから正社員への転換制度があるのは、パート労働者を雇用している企業のうちの四〜五割と、制度自体はかなり浸透しているのに比べると、主婦パートの関心は低いといえる。会社に制度があることを知らない、あるいは制度があっても勤続年数や勤務時間数などの適用条件が厳しいなど、自分には適用されないという判断もあるためではないだろうか。(21)

給与、保険、休暇などに比べれば正社員登用や昇進・昇格制度への適用の希望は少ないとはいえ、意欲的でスキルの高い主婦パートのやる気を汲み取り能力を活用するために、正社員登用や昇進・昇格、教育などの制度の充実や、浸透をはかることは企業にとっても有用なのではなかろうか。二〇〇八年四月に施行される改正パート労働法は、パート社員に対する正社員転換のための措置を企業に義務付けている。

ところで、正社員になることによって労働時間が長くなることや、働く口数が増えることを懸念して正社員登用制度に関心が低いのではないかという見方もできる。そこで、週の労働時間別や週の勤務日数別にこれらの制度への希望を比較すると、勤務日数では顕著な差がみられないが、労働時間が週四〇時間以上の人では、昇進・昇格、正社員登用の仕組みともに希望する者が一〇%を超え、関心が高いことがわかる。

昇進・昇格や正社員登用についてと同様に教育制度に関しても、主婦パートの関心は一般的に薄く、「自分を成長させられるか」をキーワードに会社やキャリア選択をしている若者の現状とは差が感じられる。事実、調査期間の直近一ヶ月に資格やスキルアップに取り組んだ女性の割合は、正社員の二一・三%に比べると、半分の一〇・五%にとどまる。男性正社員でも二四・三%であるから[22]、日常に追われがちな中で学ぶことの実践がむずかしいのは当然だが、仕事が生活の中で二次的に位置づける者が多いことが背景にあるためと思われる。

7 これからどこへ向かうか

(1) 八割は働き続けたい

現在働いている主婦パートは、働き方への満足感が高いこともあってか、現在の働き方に限定せずに、働き続けたいと考えているものが多い。「できるだけ長く続けたい」は四四・〇%、「当面は続けたい」は三四・〇%と、あわせて八割近くにのぼっている。「できるだけ早く仕事をやめたい」は二・六%にすぎない。家事・子育てと仕事との両立は負担がかなり大きいと思われるが、それでも就業意欲はきわめて高い。この就業継続意欲は自分の収入が家計の主な生計源であるかどうかに関係なく高く、必ずしも収入だけが就業継続意欲を高めている要因ではないようだ。

主婦が働くことについては、その家族も八割以上が賛成しており、それは末子年齢が低い家庭でも変わらない。子どもが小さくても家族の賛同が得られている人が現在主婦パートとして働いているとみることができよう。

「できるだけ長く続けたい」や「当面は続けたい」と回答した者を取り出して、今後も就業を希望する継続期間をみると、およそ一〇年となる。年齢階層別では五〇歳以上ではさすがに短くなるが、四〇歳代前半までは一〇年以上の継続を望んでいる。

ところで「当面は続けたい」の〝当面〟というのは、いつごろまでをイメージしているのだろうか。「当面は続けたい」人を取り出してみると、今後の就業希望期間は、平均では、三〇歳未満と五〇歳以上では五年程度、三〇歳代、四〇歳代では七~八年と長くなる。三〇歳未満では、一年、二年という回答もあわせて四割ほどになるが、それ以上の年代では一年、二年という回答はごくわずかにとどまる。

(2) 引き続きパートで働く

今後も働き続けたいと思っている人たちでは、引き続きパートであることを希望する人が七六・八％と多数を占める。パートに契約社員・嘱託、派遣、業務請負などの正社員以外を加えると八割となる。正社員希望は三〇歳代前半までは二五～二九％にのぼるものの、全体では一三・五％と低い水準にとどまる。正社員並の週の労働時間や週の勤務日数で働いている人でもこの傾向は同じである。また、現在の就業形態を選択したときに制約条件があったという人も、正社員希望は一六・一％にすぎず、パートが七三・〇％を占めている。制約条件が一時的な問題ではなく、現在もその条件下にあることをうかがわせる。このように、これからもパートを希望するという人が多数を占めるのは、正社員とは異なり、主婦パートの働き方には、残業や転勤だけでなく、さらには勤務先での仕事の異動も原則的にはないという点も見逃せないであろう。

希望する就業形態は、スキルの自己評価が高いほど、パートではなく正社員や契約社員を希望する割合が高くなるが、年収調整の有無によって希望する就業形態が大きく変わることはない。

このようにみてくると、現在、パートとして働いている主婦の人々は、正社員になりたいのになれないからではなく、自分の生活リズムや、生活を大事にしたいという価値観を実現するために、最も適合する形としてパートという働き方を選択しているとみることができる。そこには、正社員になってしまっては満たせない就業条件が存在するのだとも考えられる。

8　まとめ

主婦パート（パート・アルバイト・フリーターとして就業している既婚女性）として働く人々と働き方の特徴を整理するとつぎのようになる。

第一に、女性のパート就業者は、四〇歳から五〇歳代前半で四割強を占める一方、三九歳以下は三割にとどまる。既婚者のみについても下ぶれはしないと考えられ、主婦パートは中高年が中心である。また、主婦パートは八割が自分の働き方を「パートタイマー」と認識しているが、子どもがいない者は自分が「アルバイト」であるという認識を持つ者が一五％にものぼる。

第二に、現在主婦パートとして就業している者の大半（八五・八％）は初職が正社員であり、その就業期間は平均で五年半である。さらに、二つ以上の勤務先経験のある主婦パートの場合、現在の勤務先とその直前の勤務先に就く間のブランク期間は、出産・育児経験者では一〇年以上の長期にわたる者が半数を超えている。

第三に、仕事に従事していない「ブランク期間」を経た後に仕事に復帰した主婦パートの再就職理由は、「働ける時間が持てるようになったから」が最も多く、「自分が働いて収入を得なければならない事情ができた」がこれについでいる。一方、再就職の際にパートを選択せざるをえなかった理由では、「子どもがいること」が八割で最も多い。

第四に、主婦パートが現在の勤務先を選択するとき、①通勤に便利なこと、②労働時間や働く曜日などの条件があっていること、③働く曜日や時間を自分の都合にあわせて選べることを重視している。また、「仕事より自分の生活を大切にしたい」や「豊かな生活でなくても気ままに暮らしたい」という考え方に賛同する主婦が多く、その背景には自分の生活リズムを守るために、働く場所、日数、時間数を限定して働きたいという就業ニーズがあるようだ。

第五に、主婦パートの半数は『サービス職』に従事しており、『事務職』『生産工程・労務職』『専門職・技術職』が各一割ほどである。勤務先の職場に自分と同じ仕事内容に従事する正社員がいるとする主婦パートが半数を超え、また「他の正社員・正職員以外の人に指示をする」、「職場の雰囲気を盛り上げるなどのリーダー的役割をする」、「新しく職場に配置された人に指導・訓練をする」という者も少なくなく、主婦パートの中には仕事レベルが高い者が相当程度含まれていると考えられる。

第六に、契約のあり方では、雇用契約の期間に定めがない者（定年までを含む）および契約期間の定めがあっても希望するだけ雇用してくれると予想している者をあわせると、主婦パートの八五％を占める。比較的長期にわたって同じ勤務先で働くことができると考えている者が多いことを示しており、パートの雇用機会が不安定であるとは一概には言えない。

第七に、週の労働時間は一五〜三〇時間という主婦パートが半数を占めるが、週四〇時間以上働く者（″フルタイム″勤務であるが呼称がパートである者）は一二・八％にのぼる。週の労働時間が長いほど、勤務先の職場に自分と同じ仕事をする正社員がいるという回答が多く、労働時間からみても仕事内容からみても、従来の「補助的労働力」という概念にあてはまらない基幹労働力化した主婦パートが増える。しかし、週労働時間や週労働日数による平均時間給の差は小さく、基幹労働力化しても賃金が低いという点にパートの処遇上の問題が集約されている。

第八に、主婦パートはパートという働き方、勤務先、また、通勤時間や仕事と生活の両立のしやすさ、働いている曜日、休日の長さ、労働時間の長さなど、時間の条件への満足度も高い。しかし、賃金に対しては、仕事内容に比較して安いと感じる者が四割にのぼり、不満が強くなっている。仕事内容を反映した賃金とすることが求められる。

第九に、主婦パートの八割は、今後も働き続けたいと考えており、さらにそれらの多くは引き続きパートとして働くことを希望している。自分の生活リズムや、生活を大事にしたいという価値観を実現するために最も適合する形としてパートという働き方を選択している者が多いことが背景にあろう。

註

（1）「労働力調査」総務省
（2）「平成一四年　就業構造基本調査」総務省
この調査では、雇用者を勤め先の呼称によって「正規の職員・従業員」、「パート」、「アルバイト」、「労働者派遣事業所の派遣社員」、「契約社員・嘱託」、「その他」の六つに区分している。
（3）「平成一四年　就業構造基本調査」総務省
（4）「平成一四年　就業構造基本調査」総務省
（5）「平成一四年　就業構造基本調査」総務省
（6）「平成一二年　国勢調査」総務省
（7）「平成一四年　就業構造基本調査」総務省
（8）「学校基本調査」文部科学省
（9）「職業安定業務統計　平成一八年」厚生労働省
（10）「ワーキングパーソン調査二〇〇六年」リクルート
この調査では、「これまでに退職（会社や団体を辞めること）をしたことがありますか」とたずね、ある人はその回数も答える質問となっている。調査対象が現在雇用者であるので、実際には退職経験がある人は転職者であり、回数は転職回数を回答していることになる。
（11）「平成一五年人口動態統計月報年計（概数）の概況」厚生労働省
（12）「平成一五年人口動態統計月報年計（概数）の概況」厚生労働省

(13)「ワーキングパーソン調査二〇〇六年」リクルート
(14)「職業安定業務統計　平成一八年」厚生労働省
(15)「平成一三年　パートタイム労働者総合実態調査」厚生労働省
(16)「消費動向調査　平成一九年三月調査」内閣府
(17)「平成一三年　パートタイム労働者総合実態調査」厚生労働省
(18)「平成一三年社会生活基本調査」総務省
(19)「平成一三年　パートタイム労働者総合実態調査」厚生労働省
(20)「平成一三年　パートタイム労働者総合実態調査」厚生労働省
(21)「平成一三年　パートタイム労働者総合実態調査」厚生労働省
(22)「ワーキングパーソン調査二〇〇六年」リクルート

第二章　正社員なみに働く人々
――フリーター

1　フリーターはどんな人たちか

(1)　フリーターは高卒だけでなく大卒も

「フリーター」という言葉が生まれたのは、一九八〇年代末である。当時は、「夢を追いかけ、その実現のために一時的にアルバイトをしている若者」というほどの意味であった。近年は、フリーターについての研究が盛んに行われるようになったが、その結果から夢を追いかけているフリーターは一部であり、なんとなくフリーターをしている、あるいは正社員としての就職機会に恵まれず、しかたなくフリーターをしている者が多いことも指摘された。特に、二〇〇二年五月、厚生労働省が推計した「フリーター数二〇九万人」という発表は大きな社会的な波紋をよんだ。かつては、学校を卒業すれば正規の社員・職員として就職することが当然のように思われていたため、就職しない若者の存在と、その規模の大きさが驚きをもって受け止められたのである。

本章では、「非典型雇用労働者調査」を用いて、「フリーター」を「一九〜三四歳、未婚、アルバイトまたはパートまたはフリーターとして雇用されている者」と定義し、彼らがどのような働き方をしているかを中心に、多様なフリーターの実態を明らかにする。

まず、どんな人たちがフリーターとして働いているかをみると、最終学歴では六割が中学・高校卒で、専修・各種学校卒をあわせると八割にのぼる。しかし大卒以上も一二・一%と、およそ八人に一人で、決して少なくない。しかし、この割合は正社員の大卒以上比率を下回っている。別の調査からそれをデータで確認すると、ここでのフリーターと比較できるように三四歳以下の未婚正社員を取り出して集計した場合、大学卒以上の割合が四割に近い(1)。

また、フリーターに占める中退経験者は二〇・四%で、これは三四歳以下未婚正社員の三倍に達する(図表2-1)。中退した学校は高校と専修・各種学校をあわせて七割を占めるものの、大学中退者も二割弱となる(2)。大学卒以上比率とこの中退者に占める大卒割合を勘案す

図表2-1　中退の経験と中退した学校の種類

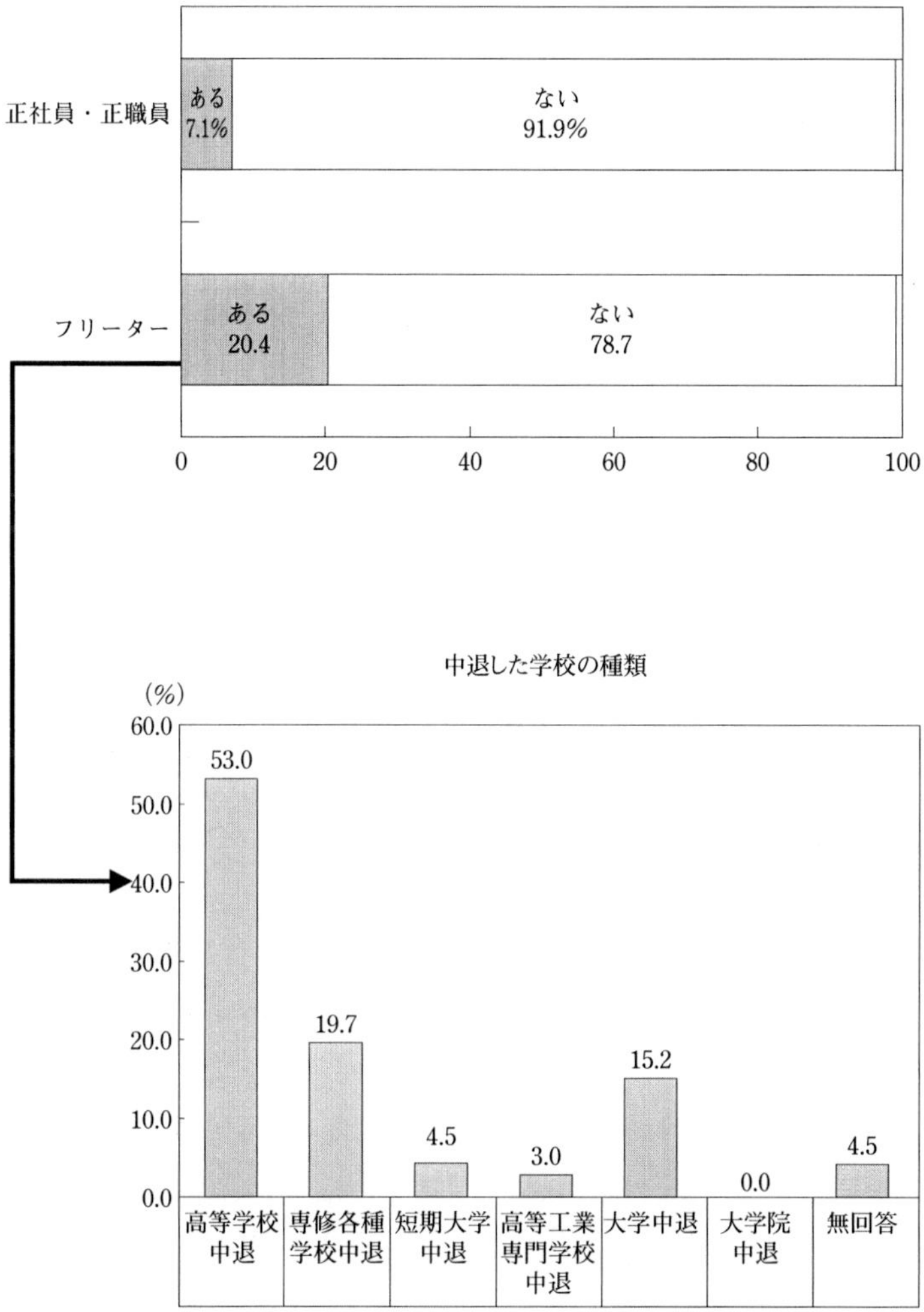

（注）34歳以下未婚者。
（出所）「ワーキングパーソン調査2006」から集計。

図表2－2　フリーターの中で一人暮らしをしている人の割合（%）

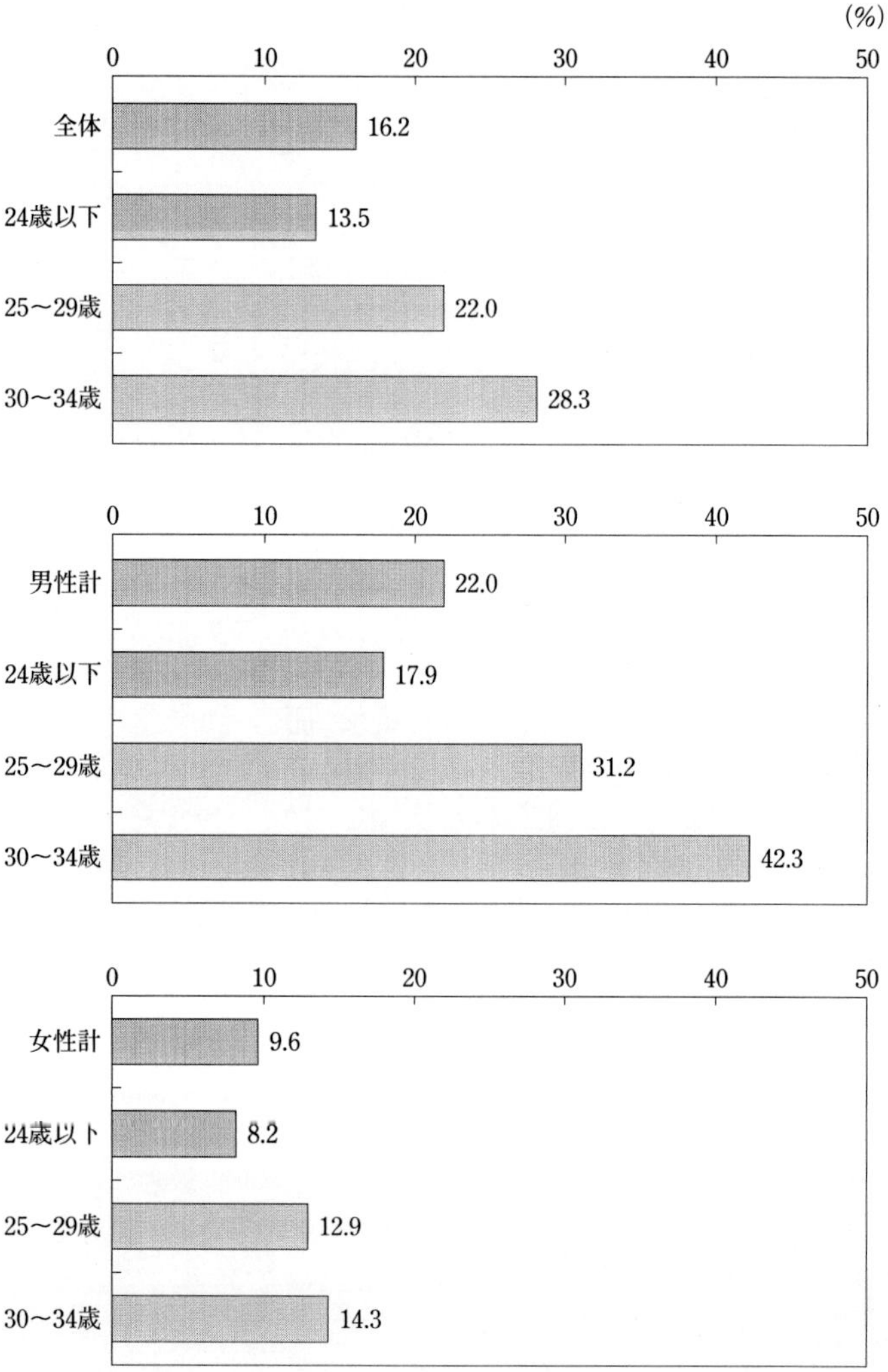

ると、フリーターのなかで大学まで進学した者の比率はかなり高いと考えられる。

フリーターをしていられるのは親の支援のもとにあるからだ、という見方がある。「パラサイトシングル」という言葉が使われ、衣食住のかなりの部分を親に依存している若者像が描かれた。「パラサイトシングル」には、フリーターに限らず親と同居する独身の正社員も含まれるが、「非典型雇用労働者調査」によれば、実際に一人暮らしをしているフリーターは一六・二％にとどまる。別の調査によれば、三四歳以下未婚正社員では二九・〇％であるのに比べると、フリーターは親からの独立が遅れ気味であることがうかがえる。(3) ただし、これは年齢や性別によってかなり状況が異なり（図表2－2）、女性より男性で一人暮らしをしている割合が高く、また男性の中でも年齢が高いほど一人暮らしの割合が高い。三〇～三四歳の男性フリーターでは四二・三％が一人暮らしである。子どもにパラサイトを許容する親の意識が問題とされてもいるが、未婚三四歳以下のフリーターの八割強が「親元にいる」という意味では「自立していない」ということができる。しかし、フリーターには自立していない人が多いと思われるのは、後に触れるように年収の面からも一人暮らしがむずかしいということが背景にある。

コラムC　フリーターの定義と規模

夢を追いかけ、その実現のために非正規雇用の働き方が都合がよいのでアルバイトをしているような若者をフリーターと呼んだのがことの始まりである。その後、諸機関がその人数規模の推計をするにあたり、微妙に異なる定義が用いられたため、推計値も多様な結果となっている。

厚生労働省がフリーターの規模を推計する際に使った定義はこれまで二つあり、八二年から九七年は、「一五〜三四歳で、①現在就業者は勤め先での呼称がアルバイトまたはパートである雇用者。男性は継続就業年数が一〜五年未満の者、女性については未婚で仕事を主としている者。②現在無業の者は、家事も通学もしていず、アルバイト・パートでの仕事を希望している者」である。二〇〇二年以降の推計での定義は、「一五〜三四歳の卒業者」として学生を除いた点が大きく異なり、さらに女性については「仕事を主としている」という条件が除かれたものである（「労働経済白書（平成一八年版）」厚生労働省）。

一方、内閣府のフリーターの定義は、一五〜三四歳を対象とする点、学生や主婦を除く点は厚生労働省と同じであるが、①就業者については派遣を含むこと、②無業者については働く意志があれば希望就業形態を問わない点が異なっている。また、厚生労働省が『月末一週間』の就業状況を調べた

「労働力調査」のデータを用いているのに対し、内閣府では『ふだんの状態』をたずねる「就業構造基本調査」のデータを用いている点も、推計に差が生まれる原因と考えられる（『国民生活白書（平成一五年版）』内閣府）。

フリーターの規模は、内閣府の定義で二〇〇一年が四一七万人、厚生労働省の定義で二〇〇五年が二〇一万人となる。

コラムD　無業者とニート

ニートとは、Not in Education, Employment, or Training の頭文字をとった言葉である。「学校に通っておらず、働いておらず、職業訓練を行っていない者」のことを指す。この言葉通りの定義でのデータは得られていないため、それに近いものとして内閣府が行った推計がよく知られている。そこでは、「就業構造基本調査」を用いて、①高校や大学などの学校および予備校・専修学校などに通学しておらず、②配偶者のいない独身者であり、③ふだん収入を伴う仕事をしていない一五～三四歳の者を無業者として、そのうち、就業希望はありながら求職活動をしていない人および就職希望がない人を合計して「ニート」の推計人口としている。その結果によれば、二〇〇二年で八四・七万人となる（「若年無業者に関する調査（中間報告）」内閣府、二〇〇五年三月）。

厚生労働省は「労働経済白書（平成一七年版）」の中で、「ニート」に近い概念として労働力調査のデータを用い、「一五〜三四歳の未婚者で家事も通学もしていない非労働力人口（就業者および失業者以外の人）」の定義で推計を行っているが、それによれば二〇〇四年で六四万人となる。

両者の推計が異なるのは「家事」をしている人を含めるかどうかによる部分が大きい。厚生労働省では働かない理由として主に家事をしていることをあげた人は除かれ、一方、内閣府では仕事をしない理由として家事をしていると答えた人を含んでいる。また、厚生労働省の推計に用いている非労働力人口の中には病気療養中の人が含まれている。

このように、ニート人口の推計はまだ確定的とは言えないが、一方フリーターとニートの境界も曖昧である。お金がなくなると短期のアルバイトをするが、基本的には働いていないフリーターは限りなくニートに近いと言える。

(2) 半数が「フリーター」ではなく「アルバイト」と自己認識

本章で分析しているフリーターは、三四歳以下未婚者で、現在の働き方に関して「パート・フリーター・アルバイト」を選択した者であるが、彼、彼女たちは自分の働き方をどの

図表2－3　フリーターの自己認識別にみた特徴

	週労働時間の平均（時間）	週労働時間30時間未満の比率（％）	月の労働日数の平均（日）	勤務日を自分で選択できる人の割合（％）	時間給額の平均（円）	自分の収入が主な生計源であると回答した者比率（％）
自称フリーター	39.9	20.7	20.2	37.7	856	36.5
自称パート	39.7	19.1	20.3	19.4	750	55.3
自称アルバイト	37.6	30.7	19.3	33.8	821	42.9

ように自己認識しているのだろうか。いろいろな働き方の名称を一二あげて自分の働き方に当てはまるものを選ぶように求めたところ、「アルバイト」と答える人が半数近くを占めて最も多くなった。他方、「フリーター」を選択した者は三三・八％で第二位にとどまった。また「パートタイマー」と思っている人も一割いる。この三者を合計すると九〇％を超え、実質上はこのいずれかだと思っているフリーターがほとんどとなる。同時に、本章でフリーターと定義した者のうち、フリーターと自己認識している者は三割強であり、半数がアルバイトと自己認識していることが注目される。他者評価と自己認識は一致しないのである。

フリーターの間で、働き方に関する自己認識が分かれるのはなぜだろうか。以下では、本章の定義したフリーターをさらに自己認識で区分して分析する場合には、それぞれ「自称フリーター」「自称パート」「自称アルバイター」と呼ぶことにして、それぞれの特徴を明らかにしよう（図表2－3）。

就労実態をまず労働時間や労働日数などの平均でみると、「自称

図表2－4　年齢階層別にみた働き方に関する自己認識（％）
（自称フリーターの割合）

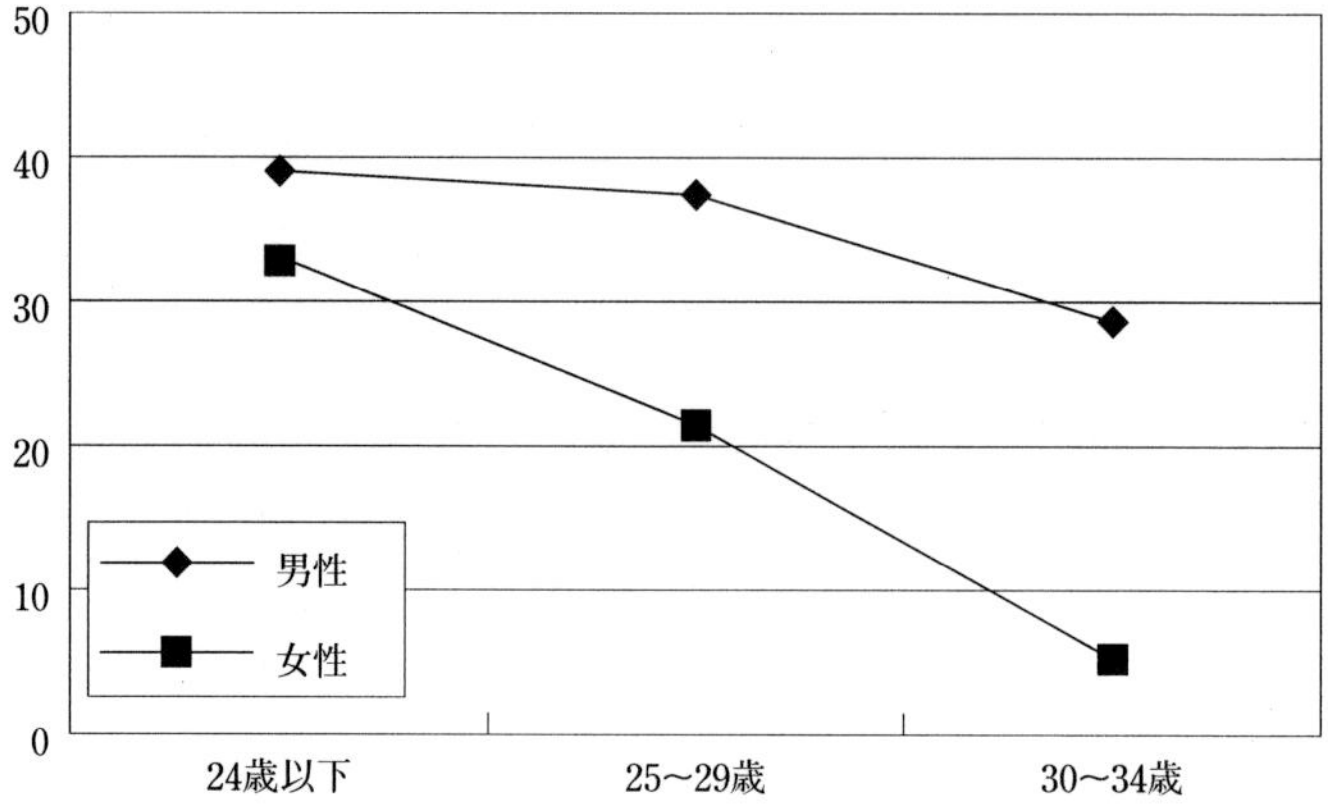

アルバイター」、「自称フリーター」、「自称パート」の三者間にほとんど差はない。週労働時間の分布で「自称アルバイター」に三〇時間未満の人がやや多くなっている程度である。また、「自称パート」は勤務日を「自分で選択できる」と回答した人の比率が少なく、働き方の自由度が低い。また、時間給額を比較すると、「自称パート」は他の二つに比べて安く「自称フリーター」との差は一〇〇円近い。

　こうしてみてくると、「自称パート」は他の二つと異なる特徴があるが、「自称フリーター」と「自称アルバイター」の間には就労状況に違いは見当たらない。最も大きな違いは、年齢である（図表2－4）。女性では二四歳以下では「自称フリーター」

は三二・六％であったものが、二五～二九歳では二一・一％となり、三〇～三四歳ではほとんどいなくなる。女性ほどではないが、男性も同様に年齢が高くなるほど「自称フリーター」は少なくなるが、二四歳以下と二五～二九歳の差は小さい。女性にとっては二五歳が、男性にとっては三〇歳が、働き方の自己認識が変わるポイントと言えよう。

年齢とともに働き方の自己認識が変わる背景には、自分の収入と生計維持との関係があるである。（前掲図表2-3）。「自称フリーター」は、「自分の収入は生計源ではない」と回答しているのである。他方で、単身生活をしているかどうかについてはほとんど差がなく、自分の生活をどこまで自分でまかなっているのかによって働き方の自己認識が異なるのである。

2　どこからフリーターへきたのか

(1)　現在フリーターの七割は初職がアルバイト

雇用者全体でみれば、学校卒業後に初めて就く仕事は正社員である人が多いが、近年は初職が非正規社員という人が増加している。つまり、正社員からキャリアを開始しない人が増えているわけである。現在、フリーターとして働いている者のなかで初職が正社員以外であった人は七三・〇％と多く、他の働き方を大きく上回る。現在、派遣で就業している人の初

図表２－５　現在の働き方別にみた初職の就業形態（％）

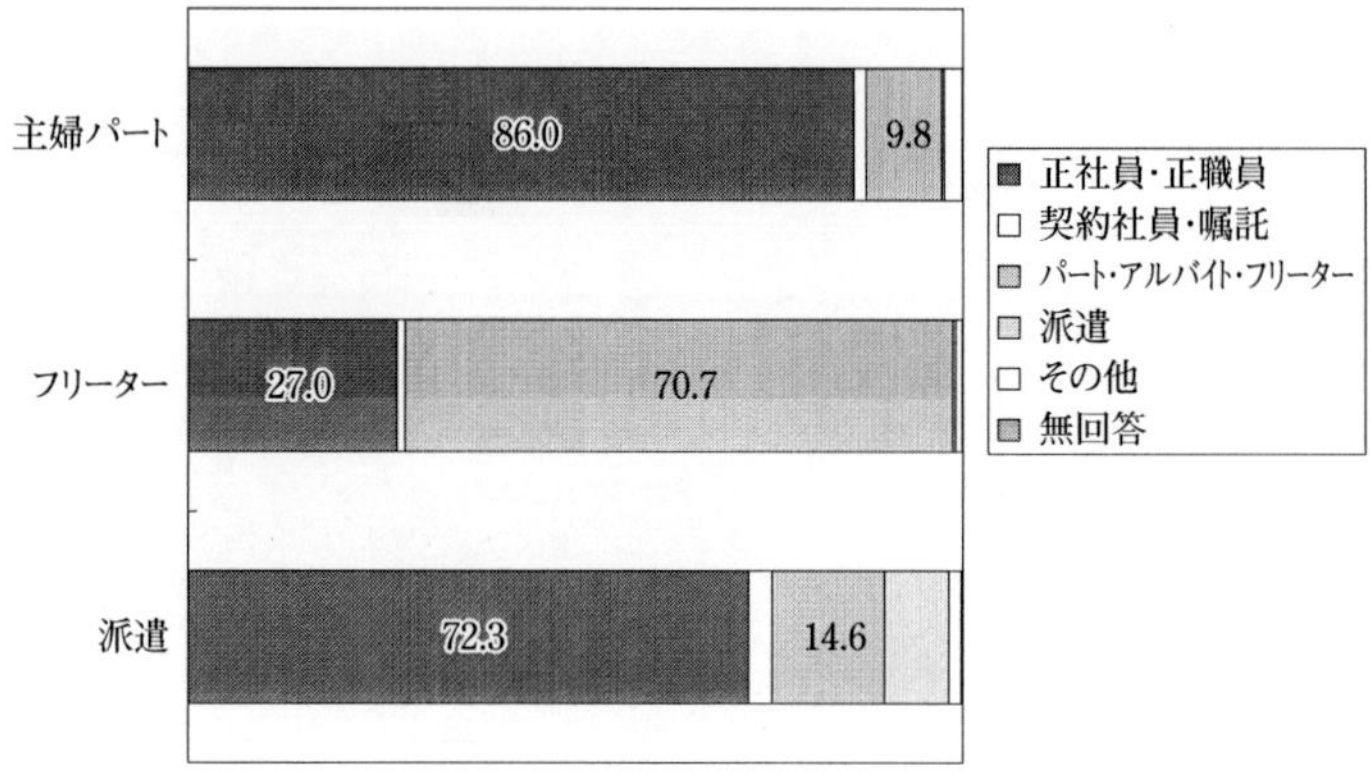

職が正社員以外である人は二五・二％、現在、主婦パートで就業している人のうち初職が正社員以外である人は一四・二％でしかない（図表２－５）。派遣や主婦パートに比べて、フリーターの初職に正社員以外の比率が多いことがわかる。しかも、初職が正社員以外といっても契約社員・嘱託や派遣であった人はきわめて少なく、正社員以外が初職という場合、そのほとんどはアルバイト・パート・フリーターである。つまり、主婦パートと派遣は正社員経験を経て現在の働き方に至った人が多いが、フリーターは初めからフリーターであった人が多いのである。

キャリアをフリーターで始めると正社員に転換しにくいということが指摘されているが、そのことが確認できると言える。さらにこれを別のデータで検証してみよう。三四歳以下の未婚の雇用者で初職がフリーターであった人を取り出して、年齢階層別に現在の就業

図表２－６　初職がフリーターの現在の就業形態（34歳以下、未婚者）

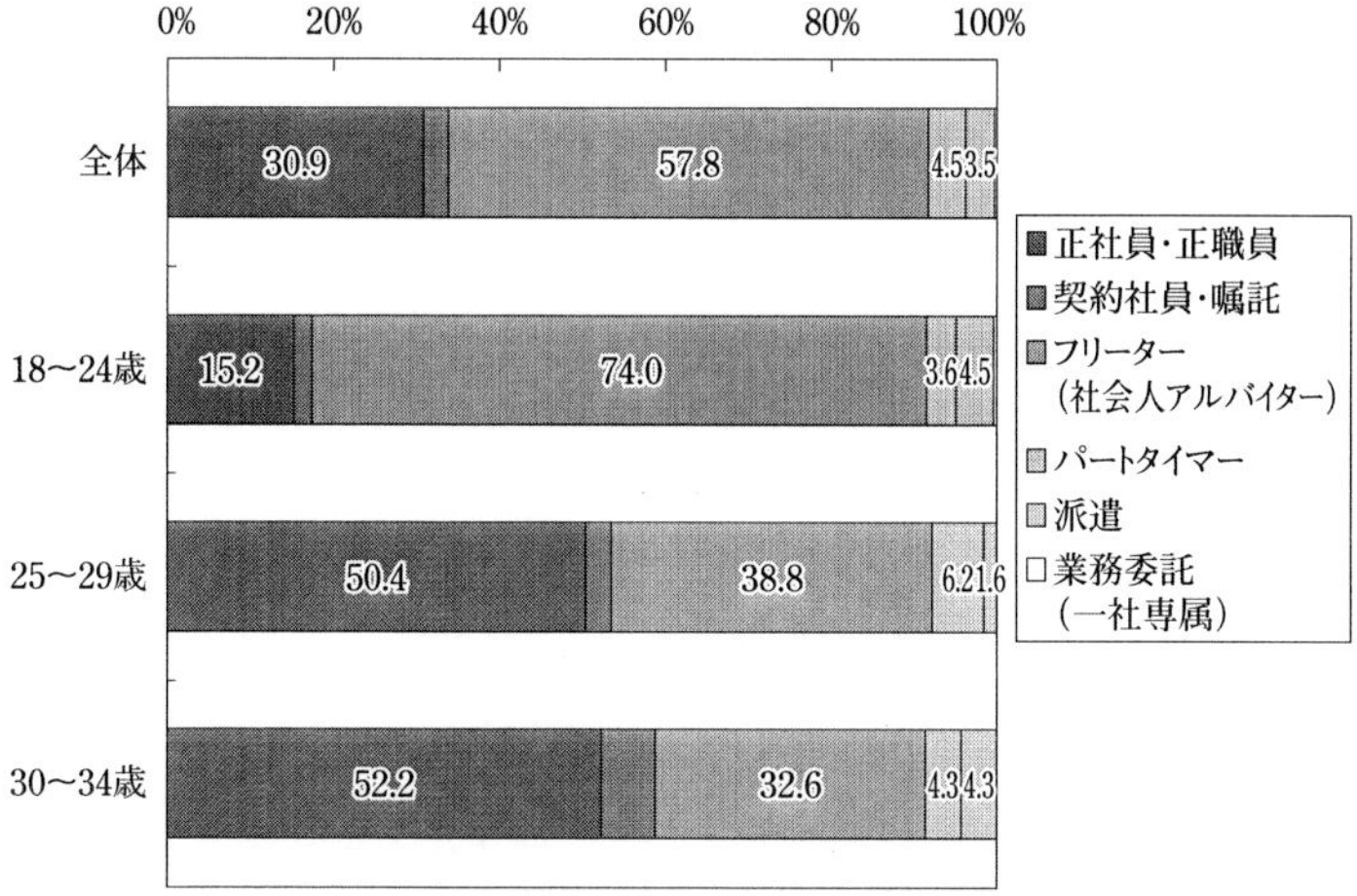

（注）　34歳以下未婚者。初職がフリーターの者。
（出所）「ワーキングパーソン調査2006」から集計。

形態を調べた（図表２－６）。現在の年齢別に正社員の比率をみると、一八～二四歳が一五・二％、二五～二九歳が五〇・四％、三〇～三四歳が五二・二％となっている[4]。二五歳以降になると次第に正社員に移行した者が増加していることがわかる。しかし、二〇歳代後半から三〇～三四歳への増加幅は小さく、三〇歳以上になってもフリーターのままでいる人が少なくないことがわかる。三〇歳という年齢がひとつの壁になっているように思われる。

また、雇用者全体に関して現在三〇～三四歳層の初職が非正社員であった比率は二〇・一％で、現在一八～二四歳層の初職が非正社員であった比率が五〇・四％であることと比較すれば、かなり低い[5]。つまり、今後はさらに正社員への離脱の道は厳しくなることが予想される。フリーター全員が正社員になることを希望しているわけではないとしても、正社員化の円滑化が社会的な課題となろう。

(2) 初職がフリーターでも就業を継続

フリーターの人たちは、就業意欲が低いのではないか、これまでに仕事に従事していなかった期間、つまり無業の期間が長いのではないか、という懸念を持つ人が少なくない。こうした先入観から正社員に応募したフリーターに関して、その職業能力でなく、キャリアで採用の合否を決めることがおきがちとなる。

しかし、フリーターの卒業後経過年数は平均が五〇ヶ月で、卒業後における就業期間の合計の全体平均が四〇ヶ月あまりとなる。卒業後経過年数から就業していた期間を差し引いた期間（就業していなかった期間）を無業期間と定義すると、卒業後経過年数に占める無業期間の割合は一五・八％である。「仕事に従事しない期間が多い」というフリーターに対する世間一般のイメージほどは多くない。年齢別にみると、三〇～三四歳でやや無業期間の割合が大きくなるが、それでも働いた期間の方がずっと長く、卒業後経過年数に占める就業期間の割合は八割を占める。

3　なぜフリーターとして働いているのか

(1)「ずっとフリーター」タイプでは「なんとなくフリーター」が多い

なぜフリーターという働き方を選んでいるかについては、いくつかの先行研究があるが、そのひとつは①モラトリアム型、②夢追求型、③やむを得ず型の類型を提起している(6)。①は職業的選択を先延ばしするためにフリーターになった類型、②はやりたいことが見えていて、その入り口がアルバイトであった場合や、夢のための準備をしながら生活のためにアルバイトをしている類型、③は本人の希望とは裏腹に周囲の事情でフリーターになった類型である。

ここでは、フリーターを選択したとき、それを選択せざるをえなかった制約条件があったか否かの視点から、フリーターの類型化をしてみよう。

現在、フリーターの中には、初職がフリーターで正社員経験がない「ずっとフリーター」と「正社員経験ありフリーター」の二つのタイプがあり、両者では前者が三分の二を占めている。「ずっとフリーター」は二四歳以下で九割近くを占め、「正社員経験あり」のフリーターよりも若い人が多い。

この二つのタイプについてフリーターになったときの制約条件の有無をみると、「ずっとフリーター」タイプでは制約が「なかった」とする回答が八割を超えているのに対して、「正社員経験あり」タイプではそれは七割にとどまり、「あった」が二八・三％と多くなる。制約条件の内容は、いずれのグループでも「経済的余裕がなかったので、早く仕事につきたかった」や「ゆっくり探す時間がなかった」など、就業までの時間的制約がきびしかったことが主となる。ただし、「正社員経験あり」タイプでより就業までの時間的制約がきびしかったものが多くなる。また、「ずっとフリーター」タイプでは「他で希望する仕事の求人はあったが、採用されなかった」も多い。

「正社員経験あり」タイプでは、就業への逼迫度が強いのに比べて、「ずっとフリーター」タイプは制約条件が弱く、制約があった人でもさほど就業への圧力が強くなかったように見受けられ、〝なんとなく〟フリーターになった人が多いと考えられる。

(2) フリーター就業に賛成の家族は四割

フリーターとして働くことが一概にいけないわけではない。しかし、フリーターとしての働き方に批判的な人々の中には、フリーターを続けている人が多い背景には、家族がそれに寛容なことがあり、そのことが問題だとする意見もある。そこでフリーターの家族が、その働き方についてどう思っているかをみてみよう。家族への直接質問ではなく、フリーター自

図表２－７　フリーターにおけるフリーターとしての働き方に対する家族の評価（「賛成している」の比率）

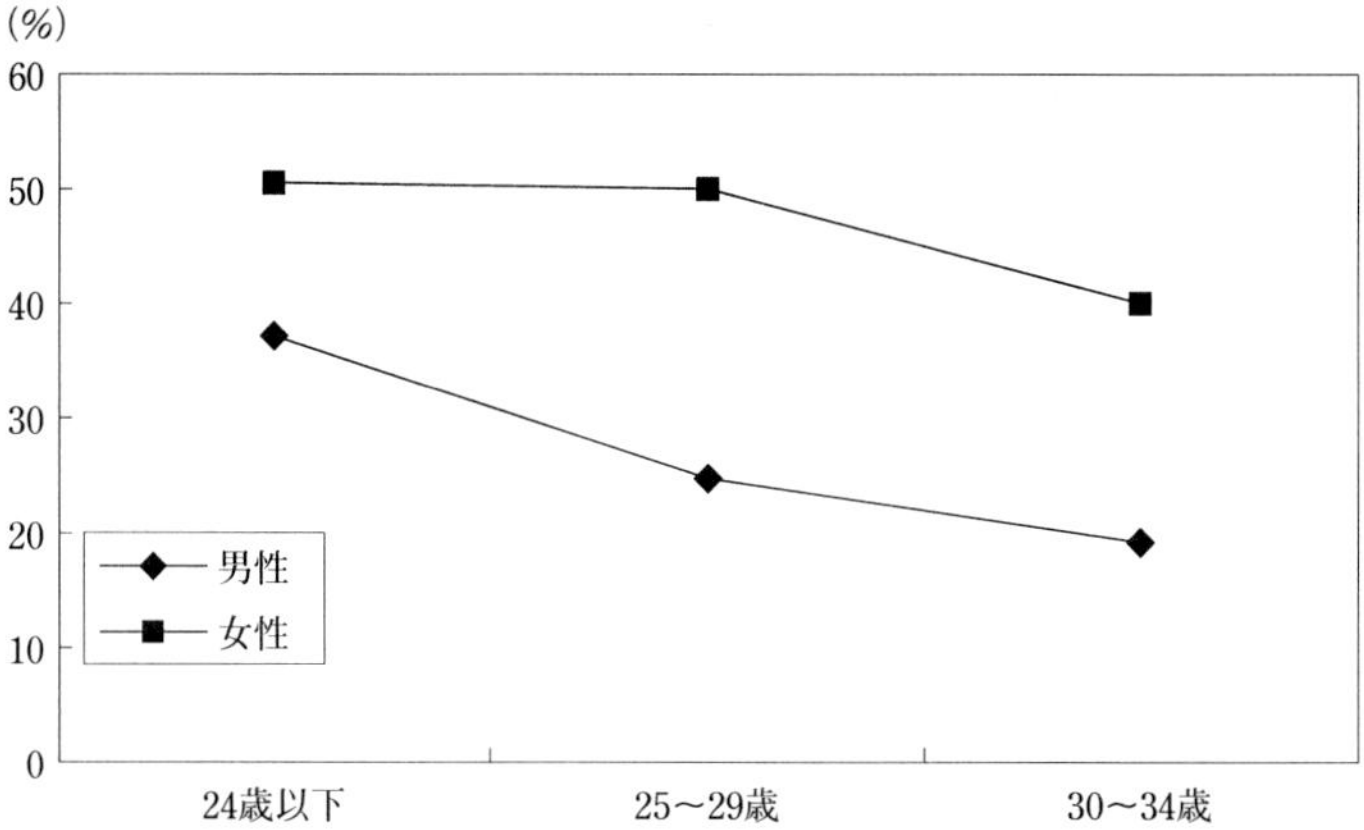

（注）設問は、「あなたが現在の働き方（就業形態）で働いていることに対して、家族がどう考えていると感じますか」と問い、「賛成している」「反対している」「わからない」からひとつを選択させるものである。

身が、家族の意見を日頃どう感じているかをたずねた結果であることに留意されたい。

働いていること自体に対しては、家族が反対していると感じる人はごくわずかで、「賛成」が圧倒的に多い（「あなたが収入を得る仕事に就いていることに対して、家族はどう考えていると感じますか」と問い、選択肢は「賛成している」「反対している」「わからない」の三つである）。女性では「賛成」が七八・五％と男性を大きく上回る。その男性も六四・二％が「賛成」であるので、フリーターが働いている自体に関して家族は基本的に支持しているようである。

働いていることに対しては支持している家族であるが、フリーターとして働くことに対しては「賛成」が減少し、全体で四割にとどまっている（図表2－7）。これも男性で三三・六％、女性で四九・九％と男女差が大きい。また、男性では本人の年齢が高くなるにつれて家族のフリーターとして働くことへの「賛成」は徐々に減少するが、女性は年齢差が小さい。男性は年齢が高くなるにつれ、フリーターとして働くことへの家族の風当たりを強く感じているかのようだ。

就業そのもの、あるいはフリーターとして働くことへの賛否は、単身か同居しているかで若干異なり、男女とも同居している方がやや賛成が少なくなっている。同居していれば顔をあわせる機会も多く、働きぶりや生活の実態がみえるためであろうか。

ところで、家族の意見が「わからない」とする回答が、就業すること自体やフリーターで働いていることへの設問でかなり多くなる。生活がすれ違って家族との対話がないのか、働くこと自体が家族との話題となりにくいのか、あるいはもっと別の理由があるのか、明らかではないが、親子の間で働くことの意義や、働くことについての対話が必要であるとする意見が多い中で、やや気になる結果である。

4　どのような仕事をしているのか

(1) フリーターの七割がサービス職に従事

フリーターが現在の勤務先を選択した理由として、「通勤に便利」、「働く曜日や時間を自分の都合に合わせて選べる」、「労働時間や働く曜日の条件があう」に次いで、「やりたい職種・仕事内容だから」があげられている。「賃金がよかったから」をあげる者は少なく、これは比率が低い。

フリーターがついている職種は、七割が『サービス職』(『　』の職種は大分類を意味する)である。これは男女、学歴による差がなく共通している。『サービス職』のなかでも多いのが「接客・給仕」「商品販売」「レジ」「その他サービス職」などで、ファミリーレストランやファーストフード、あるいはファッション関連の販売店で働くフリーター、パート、アルバイトなどの多さが想像できる。これらの業種では、もともと非典型雇用者を活用することで長時間営業や仕事の繁閑に柔軟性を維持したり、固定費を削減したりしてきたが、とりわけ近年、非典型雇用への依存度を高めている。産業全体では雇用者に占める非典型雇用者数(非正社員)は、一九九七年には一二六〇万人であったものが、二〇〇二年には一六二〇万人となり、役員を除く雇用者に占める割合は二五％から三二％へ増加している。(7) 卸売・小売業、飲食店では同じ五年間に四三〇万人から五五〇万人へと増加し、役員を除く雇用者に占める割合は四〇％から四九％と比重を高めた。

フリーターが就いている職種は、全体では『サービス職』が七割とはいえ、二五歳以上になるとその割合は低下し、『事務職』や『専門職・技術職』などが多くなってくる。なぜ、「やりたい仕事」に従事した結果として『サービス職』が多いのかは、今回の調査からは明らかにできない。後でみるように、フリーターの平均時給は決して高い水準とはいえず、賃金で仕事を選択した結果とは考えにくい。

(2) 正社員経験はフリーターに有利か

従来、アルバイトといえば、学生の家庭教師などを除けば、多くの仕事は単純な作業を担当するものと相場が決まっていたように思われる。しかし、企業が非典型雇用者の活用を拡大し、その比率を高めれば、アルバイトだといっても単純な作業だけではすまされなくなってきている。学校を卒業した社会人であるフリーターであれば、なおさらのことであろう。実際、勤務先の正社員の中に「まったく自分と同じ内容の仕事をしている人がいる」と回答したフリーターが二割を超え、「ほぼ同じ内容の仕事をしている人がいる」をあわせるとお

図表2－8　フリーターにおける勤務先正社員の仕事内容との同一性（％）

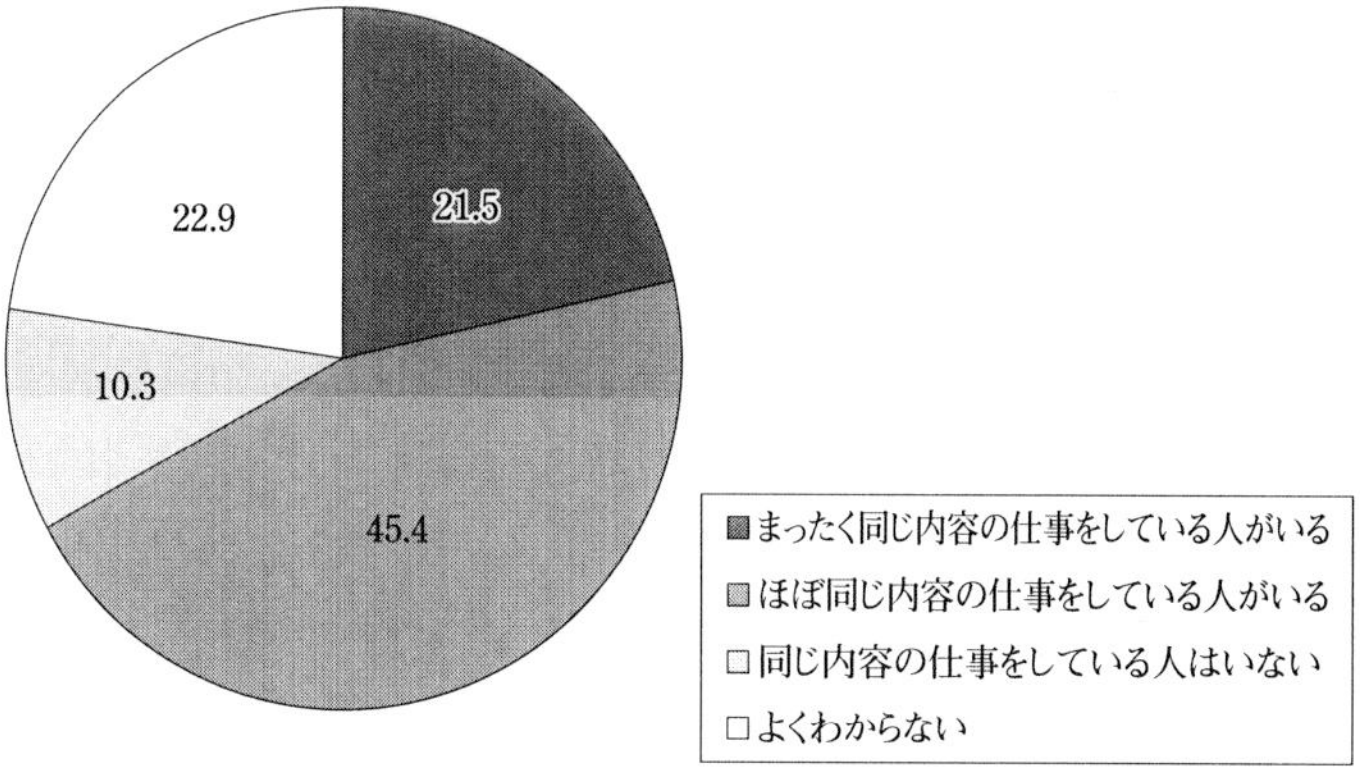

よそ三分の二を占める（図表2－8）。フリーターの多くは、正社員が従事している仕事にまで進出していることがわかる。

そこで、フリーターが従事している仕事内容が、正社員のどのレベルに相当するかを正社員の経験年数で調べると、正社員入社「一年目」という者が二八・二％、「二、三年目」が一六・七％となり、四割強は入社間もない社員レベルの仕事に就業している姿が浮かび上がる。これは、「正社員経験あり」タイプと、「ずっとフリーター」タイプでは若干異なる。「正社員経験あり」タイプの場合は、年齢が高くなるにつれ、正社員入社年次で測定した仕事内容のレベルが次第に高度になっていく傾向がある。一方、「ずっとフリーター」タイプでは明確な傾向はみられない。企業側が、正社員経験のある人をフリーターとして雇用する場合、ある程度の年齢以上は正社員経験を有効とみて経験にふさわしい仕事に配置していることが考えられる。

なお、正社員入社年次で測定した仕事内容のレベルについて「わからない」との回答が半数近くあり、自分の周囲に正社員がいず、判断がつかないケースも多いのではないかと思われる。

上記のデータからは、企業がフリーターを雇用する場合には正社員の経験を多少は評価するようにみえるが、フリーターを正社員として採用する場合にフリーターであったことをマイナスに評価するのは三〇%におよぶ。他方、プラスに評価する企業にいたっては四%とわずかである。[8] この結果は、企業が、フリーター経験をその職務能力でなく、フリーターとしての働き方の経験自体をマイナスにみている可能性を示唆する。

ともあれ正社員と同じ程度のスキルのフリーターがでてきているのが現状である。それにもかかわらず、平均時給からみる限り、賃金面においてはそれにふさわしい処遇がされているとは言えないように思われる。それだけでなく、フリーターとしてのキャリアが正当に評価される状況にないのである。

図表2-9　フリーターの働いている曜日（%）

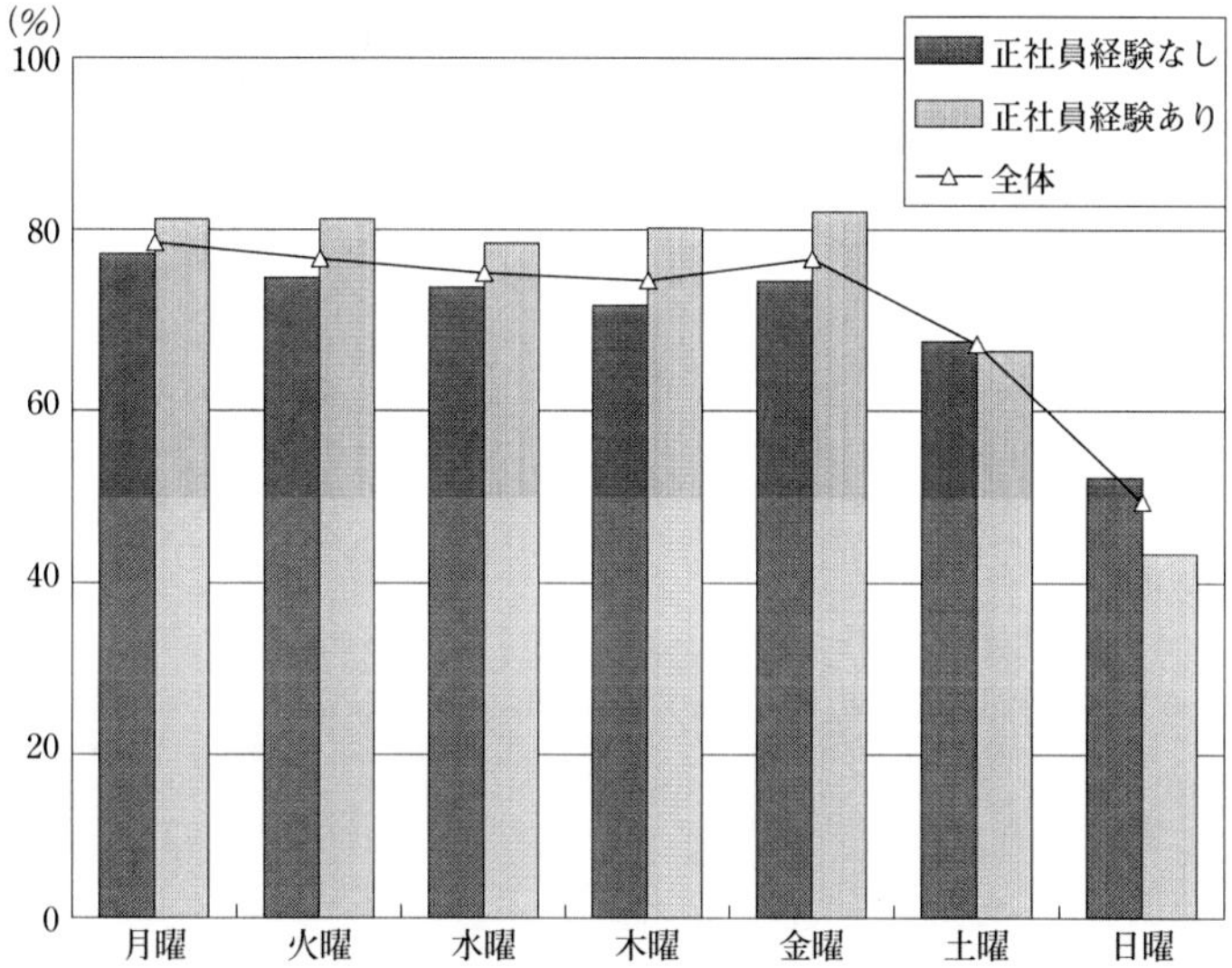

5　どのように働いているか

(1) 働き者のフリーター

主婦パートの一日の労働時間ではフルタイム勤務が少なく、週の労働時間の平均も二四・五時間と短かった。これに対して、フリーターの週の労働時間は長く三九・〇時間である。四人に一人は三〇時間未満だが、三割は四五時間以上と正社員並に働いている。

働く曜日をみると（図表2-9）、フリーターのほぼ七五%は月曜から金曜まで働いており、平日の勤務が中心のようである。ただし、土曜も三分の二が働いており、主婦パートでは三割台であったことと比べる

図表2－10　フリーターの週の労働日数（%）

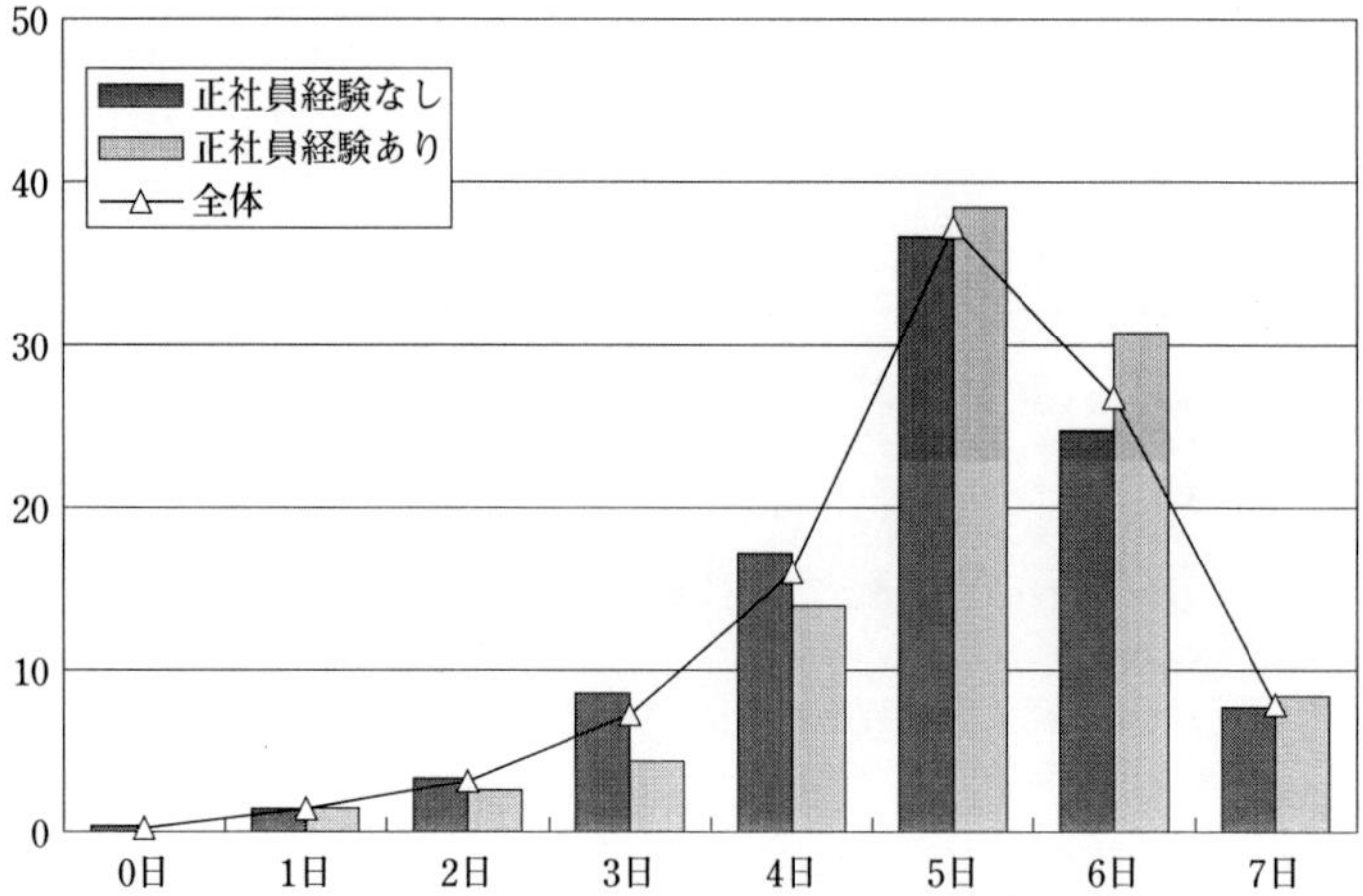

と多くなる。勤務先選択理由が「通勤の便」に次いで、「働く曜日や時間の条件があう」ことが高かったことを考え合わせると、あえて土曜出勤を選択しているフリーターが少なくない可能性もある。

週の労働日数は五日が最も多く三七・三％であるが、六日の人も二六・八％にのぼっている（図表2－10）。労働者の九割がなんらかの形で週休二日制となっているが[9]、それとは縁遠い生活をしているフリーターが四分の一もいることになる。一方、週に三日以下という者は一二％にとどまり、主婦パートの半分にすぎない。その結果、月の労働日数も正社員経験がないフリーターの場合では二一日以上が三五・九％を占める。週の労働時間、週の労働日数、土日に働く者の割合のいずれをとっても主婦パートをか

図表２－11　フリーターが働いている時間帯（火曜日に働いている者）（％）

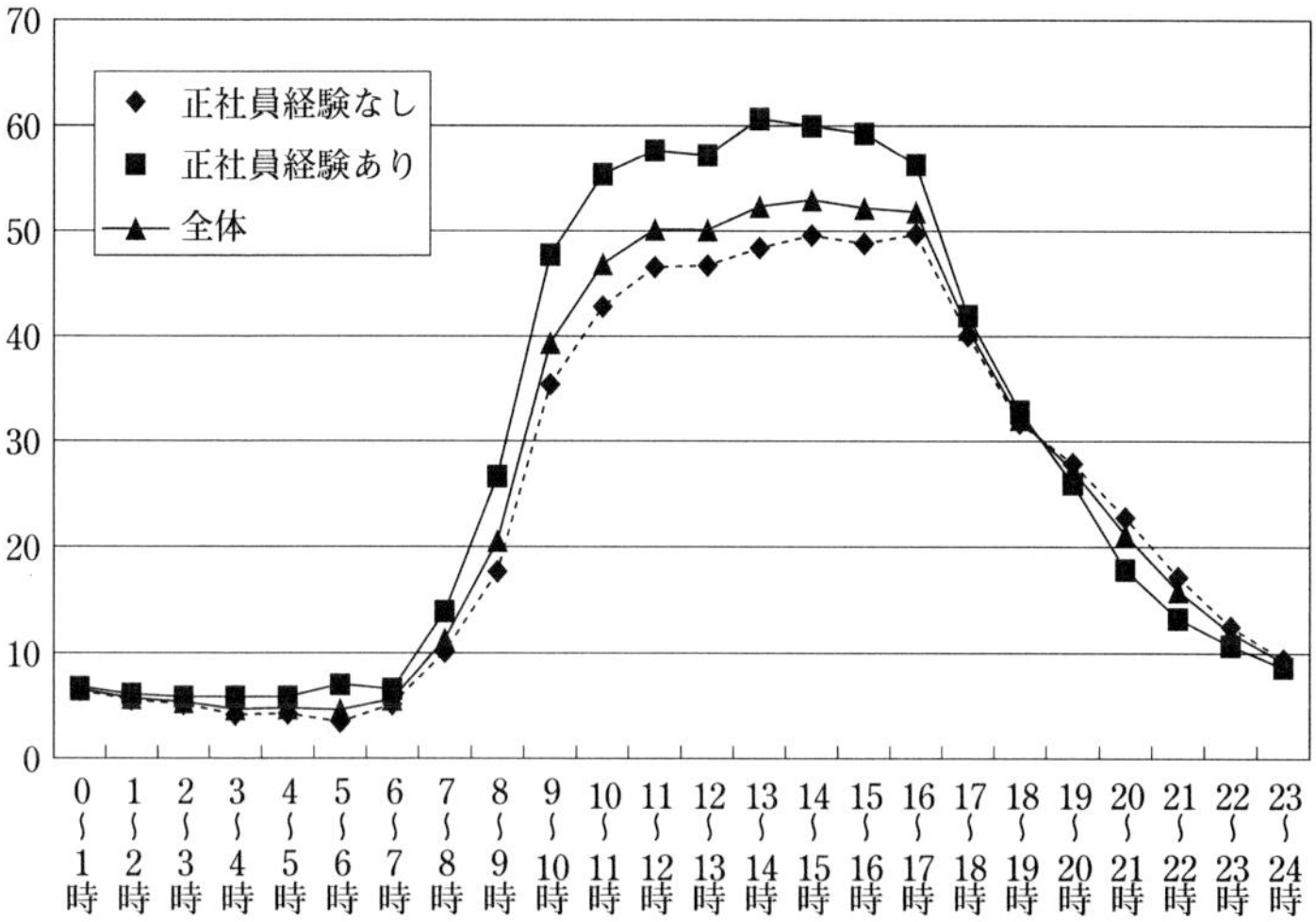

なり上回り、フリーターの労働時間は長い。

働いている者の多い火曜日を取り上げて、勤務時間帯（図表２－11）をみると、午前九時以前は少ないものの、それ以降の時間帯に幅広く分布しており、主婦パートが午後五時までに仕事を終える人が多いことと対照的となっている。ちなみに、フリーターは、二〇〜二一時には二割を超える人が、二二〜二三時でも一割強が働いている。

上記の週の労働時間、週の労働日数、月の労働日数は、正社員経験の有無によって異なる。いずれも正社員経験のあるフリーターの方が経験のないフリーターより、多く働いている。具体的には週の労働時間で平均五時間の差が、月の労働日数では二一日以上の比率で約二〇ポイントの差がある。しかし、正社員経験のない者でも週の労働時間は平均三七・六時間、週の労働日数も五日以上は六九・一%、月の労働日数が二一日以上は三五・九%という結果となり、「フリーターはほどほどの働き方」という意見は、的を射ていない。

労働時間の長短は、家族と同居しているかどうかで異なる。一人暮らしの者の方が家族同居者よりも長い時間働いている。労働時間の長さと経済的自立との関係をより明確に表しているのが、自分の収入の世帯への必要度に関する設問の結果で確認できる。「世帯の生計を維持するのに自分の収入が必要不可欠である」や「世帯のより豊かな暮らしのため必要である」など自分の収入が世帯にとって必要だとしている人では週の労働時間が四〇時間以上が多くなり、他方、「自分の収入がなくても生計は維持できるが、自分のために必要である」や「世帯にとっても自分にとっても、特に必要ではない」という人では週の労働時間が三〇時間台にとどまっている。とりわけ差が大きいのは、週に四五時間以上働いているフリーターの割合で、世帯の生計を維持するのに自分の収入が必要な人や、より豊かな暮らしのために自分の収入が必要な人ではその割合は四五%前後であるが、それに対して自分のために必要なために働いているフリーターでは三〇%、世帯にも自分にも必要ではない人では二〇%を割っている。

相対的に長時間働いているフリーターは、仕事のレベルも短時間のフリーターとは異なっている。週の労働時間が四〇時間未満では「自分と同じ仕事をしている正社員がいる」とする割合は二〇％以下であるのに対し、週の労働時間が四〇時間以上では二四〜三〇％におよんでいる。また、勤務先での仕事上の役割でもフリーター・アルバイトの「新人を指導・訓練をする」者は週の労働時間が二〇時間以上で割合が高くなっており、「職場を盛り上げるリーダー的役割をする」者と「正社員に仕事の指示をする」者は四〇時間以上のところで割合が高くなる。一般的にフリーターとして働くことの懸念のひとつとして職業能力を高める機会が乏しいと言われるが、この結果をみると必ずしもあたらない。ただし、労働時間が相対的に長いことは、仕事への習熟を促し、より高いレベルの仕事に配置されているのか、あるいは正社員と同等の仕事をするためには労働時間が長くなるのか、因果関係を確定することはできない。いずれにしても、フリーターであることが問題なのではなく、フリーターであっても働く時間が一定時間を超えれば、職業能力を高める機会を得ることができると言えよう。

(2) 半数近くは時給八〇〇〜九五〇円

本章ではフリーターを三四歳以下の未婚者と定義しており、その層ではまだ家計に責任がない者が多い。「世帯の生計に自分の収入が必要不可欠である」とするのは四人に一人にす

図表2-12　フリーターの時給水準

◆年齢別平均時間給額

	平均時給額（円）
24歳以下	1002
25～29歳	1026
30～34歳	1079
全　体	1012

◆週労働時間別平均時給額

	平均時給額（円）
20時間未満	1371
20～30時間未満	999
30～40時間未満	949
40～45時間未満	1010
45～50時間未満	965
50時間以上	956

ぎず、六割は「自分の収入がなくても生計維持できるが、自分のために必要」としている。自分の生活のためだけに働いているフリーターが多いわけだが、これは年齢によって大きく異なり、「必要不可欠」は二四歳以下では二割、二五～二九歳では四割、三〇～三四歳では五割と、年齢が高くなるほど生計維持に貢献している者の割合が高い。

しかし、時給水準は年齢による格差が小さく、二四歳以下と二五～二九歳の平均時給額の差は二四円、三〇～三四歳は二五～二九歳より五三円だけ高いにすぎない（図表2-12）。フリーターの就業経験は年齢が高いほど長く、二四歳以下二・一年、二五～二九歳　六・三年、三〇～三四歳　一〇・一年となっている。就業経験期間が異なるにもかかわらず時給の差が小さいわけで、就業経験年数が賃金に反映していないと考えられる。現在の勤務先での経験期間も年齢に応じて長いのだが、それも賃金には反映していない。フリーターの場合は年齢も経験も、どちらも評価されにくい状況にあるといえよう。

時給の平均額は一〇一二円で、分布では八〇〇〜九五〇円に半数近くが集中している。ただし、三人に一人は一〇〇〇円以上である。職種別時給では、フリーターが多い『サービス職』は全体よりやや水準が低く、平均九五二円である。

正社員経験の有無では賃金に差がほとんどない。

労働時間との関係をみると（前掲図表2-12）、長時間働いている人ほど時給額が低い傾向がみられる。週四五時間以上の者は九六〇円前後であるのに対し、週二〇時間未満は一三七一円と高くなり、週二〇〜三〇時間未満の者でも九九九円である。時給が低いために、長時間働かなければならない者も多いことが考えられよう。

平均時給が千円余であるので、かなりの時間数かつかなりの日数働いても、フリーターの年収は平均で一四〇・四万円にとどまっている。同年代の未婚正社員の年収は三〇〇万円を超えているので、フリーターはその半分にも届いていない(10)。年収は時給と異なり年齢が高くなるほど若干高額になっているが、年齢が高くなるほど生計を担っているフリーターの割合が高いことから、必要な生活費用に比べると少ないと言えよう。生計維持に自分の収入が不可欠といいながら、年収が一八〇万円ほどであるのは、フリーターの置かれているきびしい経済状況をうかがわせる。

6 働き方に満足しているのか

(1) 働き方には不満だが、勤務先には満足

職業生活に関する満足感を左右する要素として、大きく分けて三つの要素、つまり①働き方（就業形態）、②勤務先や職場、③仕事内容が考えられる。「非典型雇用者調査」では、③の仕事内容については調べていないが、①と②についてたずねており、この二側面からフリーターの職業生活についての満足度を知ることができる。

就業形態に関する満足度では、フリーターの六四・〇%が満足しているものの、三人に一人は「不満」であると回答している。この不満の割合は主婦パートの二〇・九%、派遣の二五・二%を上回っており、フリーターたちは現在の働き方に十分満足しているとはいいがたい。特に、二九歳以下の正社員経験者では、「不満」が四割を超えており、フリーターであることへの不満が強い。

現在の勤務先に関する満足度では、不満が少なくなり、フリーター全体では四人に一人にすぎない。正社員経験者でも三割に至らない。満足している者の割合は、主婦パート、派遣より五ポイントほど少ないだけである。

図表２－13　フリーターの職業生活への満足度（「満足」の比率、％）

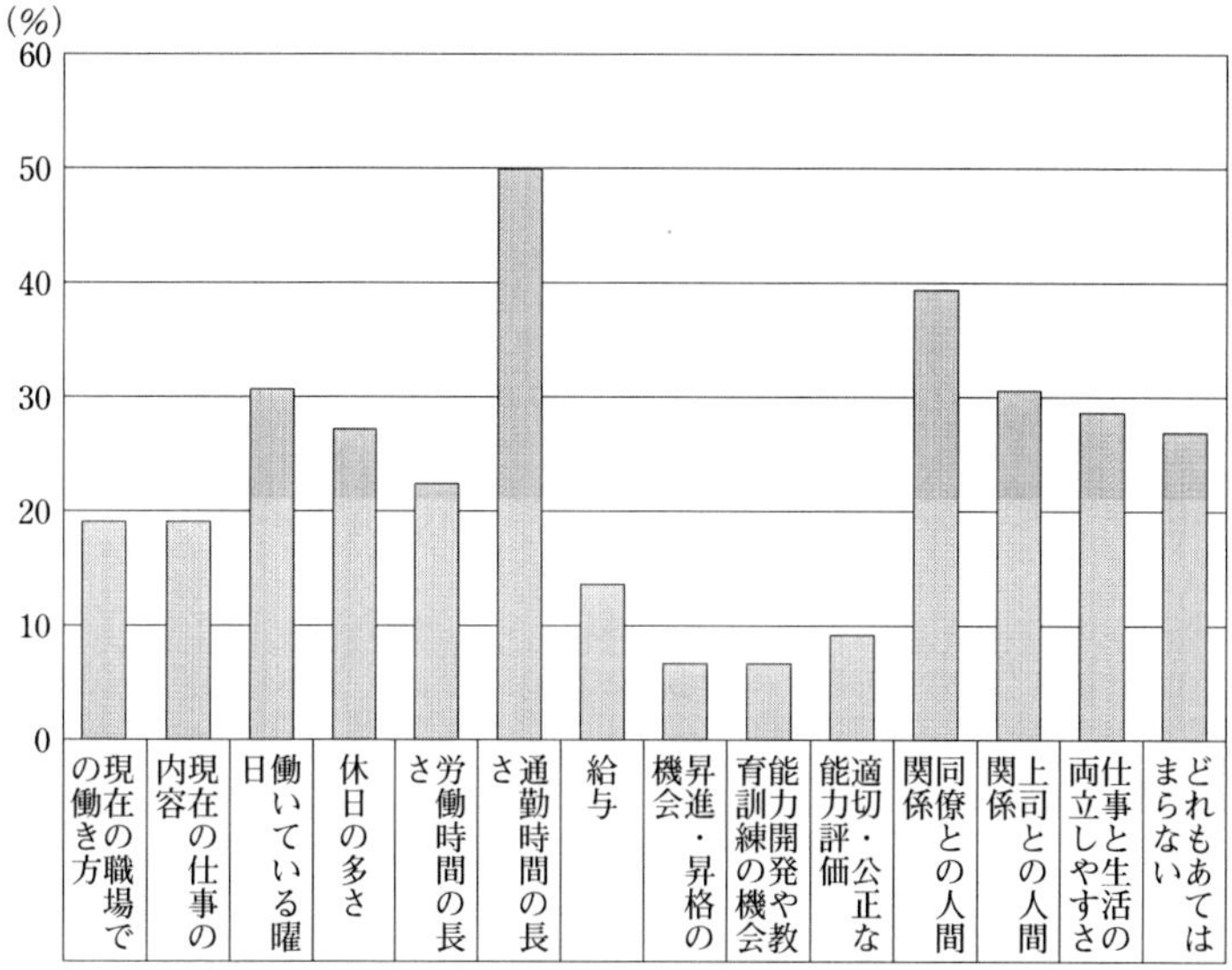

（注）　選択肢は「満足」「どちらかといえば満足」「どちらかといえば不満」「不満」の４つで、このうち「満足」の比率を表示している。

職業生活の領域別に満足度（図表２－13）をみると、満足度が高い項目は、「通勤時間」や「働く曜日」とともに「同僚との人間関係」「上司との人間関係」が上位にあがっている。特に年齢の若い層ではこの人間関係についての満足度が高い。仕事内容や給与の満足度が低いにもかかわらず、勤務先への満足度が高いのは、これら人間関係によっている部分がかなりあるのではないかと推察させる。

満足している者が少ないのは、「昇進・昇格の機会」「能力開発や教育訓練の機会」「適切・公正な能力評価」で、いずれも一割未満である。

図表2－14　フリーターが正社員、世間相場、仕事内容に比べて給与に関して「安い」と思う比率（％）

	対正社員	対世間相場	対仕事内容
全　体	29.7	35.8	40.5
男性・計	28.1	33.3	39.1
18～19歳	23.5	23.5	32.7
20～24歳	29.3	35.9	40.8
25～29歳	27.9	33.3	40.1
30～34歳	34.1	46.3	43.9
女性・計	31.6	38.6	42.1
18～19歳	25.2	38.1	36.7
20～24歳	29.8	36.8	41.8
25～29歳	42.6	43.2	50.7
30～34歳	27.3	36.4	30.3

フリーターには職業能力を向上させる機会が少ないと指摘されることが多いが、彼ら自身もそれが少ないと感じている。また、賃金の項でみたように、経験や職業能力が賃金にあまり反映されていないことが、「適切・公正な能力評価」に満足している人を少なくしているのであろう。これら三項目に次いで満足者が少ないのが「給与」である。

給与に不満な理由はさまざまなことが考えられる。「非典型雇用労働者調査」では、①正社員の給与と比較して、②仕事内容と比べて、③世間相場と比べて、という三つの比較基準から自分の給与をどう感じるかを調べている（図表2－14）。その結果によると、②の「実際にしている仕事内容に比べて」（以下「仕事内容」と表記）安いと感じる者が最も多かった。次いで「世間相場と比較して」（以下「世間相場」と表記）で、「現在の勤務先の自分と同じ程度の能力をもつ正社員・正職員と比して」（「正社員」と表記）が最も少ない。「世間相場」は、会社としての賃金水準への配慮のなさへの不満であり、「仕事内容」は担当の仕事のレベルやきつさに対して賃金額が低いと感じる不満である。これに対し、「正社員」は、正社員であるかないかという雇用区分の違いによる給与差への不満である。「正社員」と比較した不満は、「世間相場」や「仕事内容」に比べて少なく、正社員との給与格差に合理性があると感じている者があることを示している。

「ずっとフリーター」グループと「正社員経験あり」グループを比較すると、「世間相場」や「仕事内容」と比較した給与についての評価に大きな差はみられない。しかし、「正社員」と比較した給与評価では、「正社員経験あり」グループでは比率がやや高くなり、正社員経験者は、「正社員」と比較した給与格差を容認できないとする人が多くなる。

(2) 正社員登用制度、教育には低い関心

正社員と非社員の違いのひとつは、後者では雇用契約期間が有期であることにある。企業によってはそれ以外にもさまざまな区別が存在する。労働時間が短時間であったり、時給か月給か年収かといった支払い形態であったり、退職金がないなどの福利厚生制度であったり、

相違は多岐にわたっている。

「非典型雇用者調査」では、さまざまな人事処遇制度をあげて、①フリーター自身にも適用されているもの、および②自分にも適用してほしいものに関して回答を求めた。その結果をみると、適用を希望する割合が高いのは「賞与・報奨金」と「昇給」であり、両者は比率が抜きん出て高い。次いで社会労働保険関係や「有給休暇」が続いている。これらについては、自分にも適用されている割合も含めて、これまでにみた主婦パートや派遣と同様の傾向を示している。

では、「正社員・正職員への登用の仕組み」はどうだろうか。長期アルバイトとして勤務し、その働きぶりを評価して正社員として登用する方式を採用している企業がある。職業能力を育成し、勤務先の様子を理解したうえで正社員として採用されるわけで、紹介予定派遣やトライアル雇用に類似した制度ということもできよう。しかし、肝心のフリーターたちは、さほど高い関心を持っていない。「正社員・正職員への登用の仕組み」がすでにフリーターに適用されている割合は一一％にのぼるのに対し、適用希望は六％にとどまっている。

後で述べるように、フリーターの今後希望する就業形態は正社員が過半数を占め、主婦パートや派遣を大きく上回っている。これに、現在の勤務先への不満が、派遣や主婦パートより強いこと、正社員登用制度への関心が低いことをあわせて考えてみると、現在の勤務先で正社員になることよりも、転職して違う職場で正社員になりたいと考えている者が多いことを示しているのではないだろうか。

「資格やスキルを得るための教育」についてもフリーターの関心は低く、適用希望は一割に満たない。しかし、調査期間の直近一ヶ月内に資格・スキルアップのための取り組みをしたフリーターは、派遣と同程度の二割にのぼり、今後行いたいという意欲を持つ者も七四％にのぼる。学習意欲が低いわけではなく、勤務先で提供される教育メニューに関心がないのかもしれない。

おおまかにみれば制度適用の状況は、主婦パート、派遣、フリーターで似ているものの、詳細にみれば同じ非典型雇用者でもやや異なっている。三者を比較すると、フリーターの制度適用状況が最も低い。なかでも「賞与・報奨金」「有休休暇」の適用率は主婦パートや派遣より一〇ポイント以上少ない。逆にフリーターの方で適用率が高いのは、「正社員・正職員への登用の仕組み」「昇給」で、六～九ポイント高くなっている。企業が、主婦パート、派遣とフリーターで、適用する制度で使い分けをしている様子がうかがえる。

コラムE　正社員登用制度

非正社員のまま人材を長期的に育成し活用することには、異動の範囲が制約されることや契約更新を辞退されるなどといった限界がある。非正社員として採用した人材をより長期的に育成し活用していくためには、正社員に登用することで、長期的なキャリア形成のルートにのせることが必要となる。

正社員登用の主なメリットは、第一に、非正社員のなかで優秀な人材を正社員へ登用することで、その定着や仕事意欲の向上をうながすことがあげられる。一般的に、賃金水準など正社員の労働条件は、非正社員よりも高くなっている。また、雇用の安定性も正社員のほうが高い。そのため、正社員登用には、労働条件や仕事への満足度を高める効果が期待できる。

第二に、非正社員として採用した優秀な人材に、より高度な教育訓練の機会を与えられる。正社員の雇用区分は、一般に、雇用保障を前提として人材を長期的に育成しつつ活用するための区分として活用される。これに対し、非正社員の場合、必ずしも長期の雇用関係が予定されず、長期の勤続やキャリア形成を予定した育成が難しい。非正社員であっても、正社員と同等以上の仕事への意欲や能力を持つ人材がいることがある。そうした人材を正社員へ登用することで、優秀な人材を長期的に育成しつつ活用することが可能となる。

第三に、非正社員から正社員を登用する際には、社外から社員を採用する場合と比べて、実際の仕事ぶりをみて、その能力や仕事への意欲について正確に把握したうえで、社員を選抜することができる。そこで、企業のなかには、非正社員を正社員の候補者として位置づけ、そのなかから積極的に正社員を登用する例もみられる。

第四に、企業の知名度の低さや業種のイメージなどから採用力が弱い企業にとっては、非正社員からの正社員への登用は、正社員を補充する有効な仕組みとなる。一定の期間だけ勤務するつもりで非正社員として働き始めた者であっても、仕事や企業に興味をもち、長期の勤続を期待するようになることがある。そうした人材を社員に登用することで、正社員として働く人材を確保することができる。

第五に、非正社員の募集に際して、正社員への登用機会があることを示すことで、採用条件を魅力あるものにできる。求職者の中には、自分に適した仕事を探す手段として、非正社員としての仕事に就こうとする者が少なくないことによる。

第六に、非正社員の仕事や技能習得への意欲を高められる。非正社員として働く人の中には、正社員として雇用されることを望む者がいることによる。こうした層にとっては、仕事への意欲や技能の向上、働きぶりなどに応じて正社員へと登用される機会があることが、仕事や技能習得への大きな動機付けとなる。正社員への登用の機会を設けることは、正社員に登用された人材だけでなく、正社員への登用を目指す非正社員に対して、仕事や技能習得への意欲を高める効果があるのである。

以上のように、非正社員に対して正社員の登用機会を設けることには、さまざまなメリットがある。そのため、小売業や飲食店、サービス業など、非正社員を数多く活用する業種では、非正社員の中から、優秀な人材を選抜して正社員に登用する制度や慣行が普及しているのである。

7　これからどこへ向かうか

(1)　男性フリーターの三割は就業継続を「特に考えたことがない」

フリーターが適用を希望する人事処遇制度の内容から考えると、現在の勤務先で継続的に働く志向が希薄なのかもしれないことを指摘した。実際に、現在の職場での勤続意向（図表2-15）をたずねる問いに対して、「できるだけ早くやめたい」と回答する者はフリーターで最も多く、二割を超えている。また、「できるだけ」あるいは「当面は」現在の職場で働き続けたいとする割合は、主婦パートでは七割に近いのに、フリーターでは四割強にすぎず、先の仮説が裏付けられた形である。

一方、勤務先はともかくとして働き続けるとする割合は、主婦パート、派遣ともに七五%を超える（図表2-16）。フリーターも六六・八%とその差は小さく、「早くやめたい」という割合は五%程度で、他の就業形態の人と変わりない。しかし、フリーターは就業継続について「考えたことがない」人が二八・二%と他に比べて多くなる。3節でみたように、なんとなくフリーターになった人が多いことから考えると、続けるのか、早く仕事を変わるのかさえ考えない者が多いのも、やむをえない結果といえよう。年齢階層別にみると、「特に考

図表２－15　フリーターの現在の職場での勤続意向（%）

	できるだけ長く続けたい	当面は続けたい	できるだけ早く仕事をやめたい	特に考えたことはない	無回答	継続意向者・計
合　計	23.6	36.5	11.7	28.1	—	60.1
主婦パート	27.8	40.7	6.7	24.8	—	68.5
フリーター	12.0	31.1	22.3	34.7	—	43.0
派　遣	21.9	37.8	14.2	26.1	—	59.7
契約・嘱託	29.1	34.4	10.7	25.8	—	63.5

図表２－16　フリーターにおける現在の勤務先を別にした就業自体の継続意向（%）

	できるだけ長く続けたい	当面は続けたい	できるだけ早く仕事をやめたい	特に考えたことはない	無回答	継続意向者・計
合　計	44.8	29.6	3.5	22.1	—	74.4
主婦パート	44.0	34.0	2.6	19.4	—	78.0
フリーター	42.2	24.6	4.9	28.2	—	66.8
派　遣	51.7	25.2	4.2	18.9	—	76.9
契約・嘱託	49.8	26.4	4.4	19.4	—	76.2

えたことがない」の比率は若い男性に多く、女性ではいずれの年齢層も二〇～二六％程度であるのに対し、男性一八～一九歳では四三・一％にものぼる（図表２－17）。

(2)　男性は六割以上が正社員を希望

フリーターの三分の二は、現在の勤務先を別にして「長く働き続けたい」と回答しているが、フリーターとして働き続けたいと思っているわけではない。できれば正社員として働くことを希望しているのである。男性でその傾向がより強く、女性は半数以下であるの

図表2－17　フリーターにおける現在の勤務先を別にした就業自体の継続意向（%）

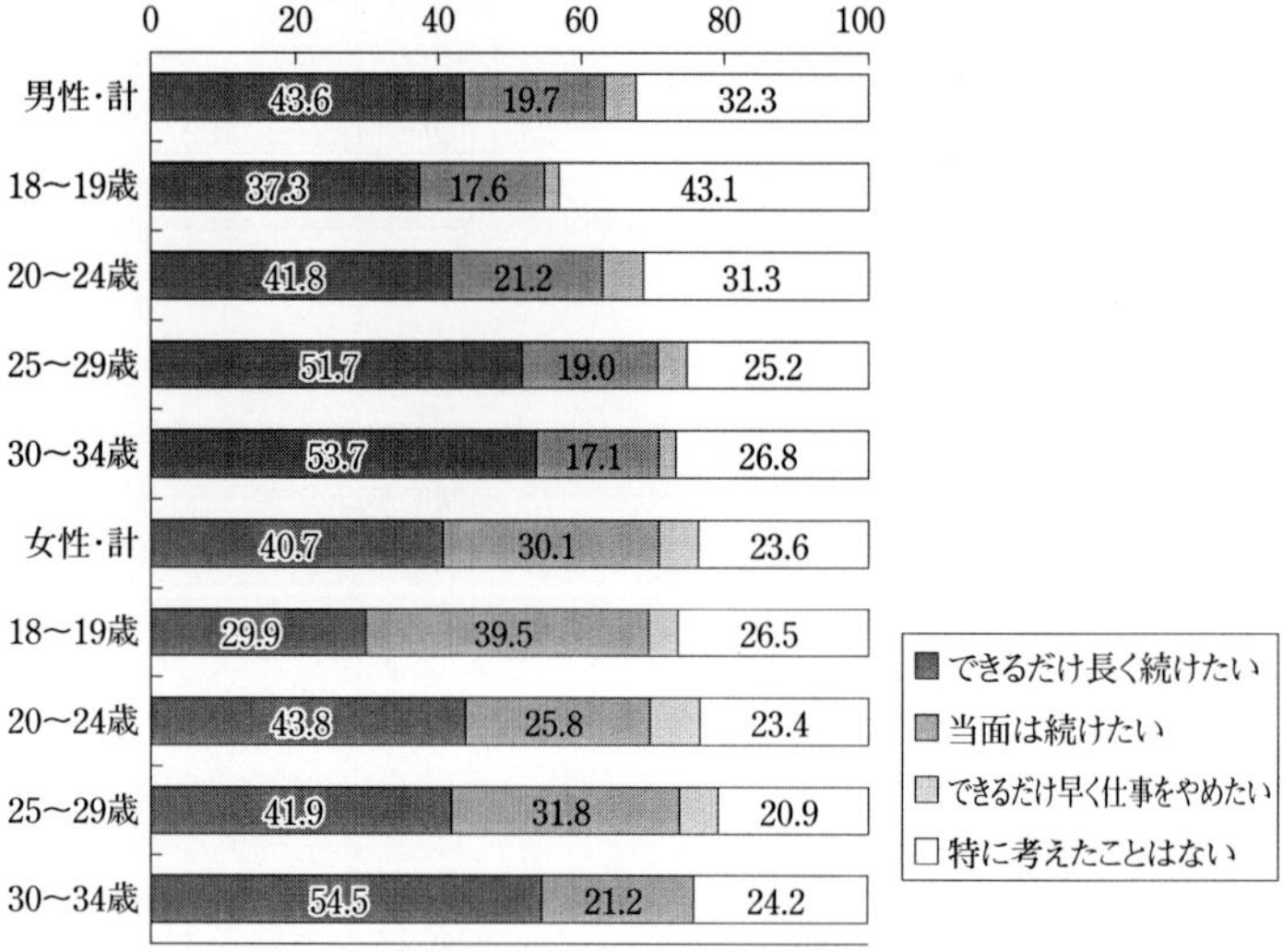

に対して六割を超えている。さらに、男性は年齢が高いほど正社員希望が多くなり、三〇〜三四歳では七割以上になる。女性でも二九歳までは年齢が高くなるほど正社員希望が強いが、三〇歳を超えると大きく減少する。女性が正社員に転職するのがむずかしい年齢なのか、そろそろ結婚を意識して正社員として腰を落ち着けることに抵抗があるのか、得られているデータのみでは理由はわからないが、三〇歳以上になると「パート・アルバイト・フリーター」希望者の方が多くなる。

なぜ正社員を希望するのか、その理由をたずねた結果をみると（図表2－18）、ほぼどの年齢階層でも「雇用が

図表2-18　フリーターが正社員を希望する理由（複数回答、%）

	雇用が安定しているから	責任のある仕事ができるから	面白い仕事ができるから	自分のやりたい仕事ができるから	資格やスキルが身に付くから	自分の持っている技術、専門性を活かせるから	能力開発や教育訓練の機会があるから	自分の能力をきちんと評価してもらえるから	昇進・昇格できるから
ずっとフリーター	77.4	36.6	20.5	32.9	33.2	26.4	20.2	28.4	44.9
正社員経験あり	85.1	33.0	19.1	25.3	31.4	22.7	18.6	28.9	41.8

	将来役に立つ人間関係が形成できるから	給与がよいから	賞与があるから	休日が多いから	生活と仕事を両立しやすいから	各種の制度が整っているから	働く人の権利が法律で保護されているから	世間体がよいから	その他
ずっとフリーター	21.6	50.7	54.8	12.3	16.4	41.1	31.2	27.4	0.7
正社員経験あり	16.0	49.0	67.0	23.7	14.4	52.1	34.0	27.3	2.1

安定しているから」が圧倒的に多くなる。これに次ぐのは「賞与があるから」と「給与がよい」であり、収入が増えることが正社員を希望する背景にある。フリーターとしての年収では、結婚や子どもを持つこと、親から独立することが困難であると考えられ、それらが正社員への希望となっているのであろう。

ただし、収入よりも「雇用の安定」の回答が大幅に上回っており、フリーターとしての雇用の不安定さをうかがわせる結果となっている。

8　まとめ

フリーター（パート・アルバイト・フリーターとして就業している一九～三四歳の未婚者）として働く人々と働き方の特徴を整理するとつぎのよう

になる。

第一に、フリーターにも大卒者が一割強含まれる。他方、中退経験者も六％で、後者の比率は同年齢層の未婚正社員の三倍に達する。また、一人暮らしをしている者も一六％と同年齢層の未婚正社員の二倍にのぼり、親からの自立が遅れている傾向がみえる。

第二に、現在フリーターは初職が正社員以外という者が七割以上を占め、初めからフリーターであった者が多い。しかし、フリーターでは、卒業後の経過期間から就業していた期間を差し引いた無業期間は一〇ヶ月弱にとどまり、「フリーターは仕事に従事していない期間が長い」という一般的イメージとは異なる。

第三に、フリーターには、大きく分けて初職がフリーターで正社員経験のない「ずっとフリーター」と「正社員経験ありフリーター」の二類型があるが、「ずっとフリーター」では仕事に就いたときの制約条件がなかったとする者が八割を超え、特段の制約がないのに、なんとなくフリーターを選択した者が多い可能性が高い。

第四に、フリーターの七割は『サービス職』についており、なかでも多いのが「接客・給仕」、「商品販売」、「レジ」などである。そして、勤務先の職場には自分と同じ仕事をしている正社員がいるとする者が約三分の二を占め、フリーターは正社員が従事している仕事にまで進出している。

第五に、フリーターの平均週労働時間は三九・〇時間と長く、三割は四五時間以上働いている。労働日数も週五日、六日の者をあわせると六割を超える。長時間勤務のフリーターは、短時間勤務のフリーターと比較して、正社員と同じ仕事している者が多くなり、リーダー的役割や指導・教育をしている者も多くなる。

第六に、フリーターの平均時間給は一〇一二円であるが、年齢による時間給の違いが小さく、就業経験が賃金に反映されていない可能性が高い。フリーターには「世帯の生計に自分の収入が不可欠である」者は少ないが、生計を担っているというフリーターであっても年収は一八〇万円程度にとどまっており、経済的に自立がむずかしい状況をうかがわせる。

第七に、フリーターという現在の働き方に六四%が満足しているものの、不満という者が三割強と多くなる。職業生活の中では、「昇進・昇格の機会」、「能力開発や教育訓練の機会」「適切・公正な評価」への満足度が低くなる。責任ある仕事に従事しているにもかかわらず、それを評価する仕組みがないことがこの不満の背景にあろう。

第八に、フリーターは、今後も働き続けるとする者が七割弱にのぼるが、現在の勤務先での継続意向はあまり高くない。働き続けたいとする者の多くは、正社員としての就業を希望しており、特に男性、年齢の高い者ではその傾向が強い。正社員への移行を支援することが必要となる。

註

（1）「ワーキングパーソン調査二〇〇六年」リクルート
（2）「ワーキングパーソン調査二〇〇六年」
（3）「ワーキングパーソン調査二〇〇六年」
（4）「ワーキングパーソン調査二〇〇六年」
（5）「ワーキングパーソン調査二〇〇六年」
（6）「フリーターの意識と実態―九七人へのヒアリング結果より」二〇〇〇年　日本労働研究機構
（7）「就業構造基本調査」総務省
（8）「平成一六年雇用管理調査」厚生労働省
（9）「平成一八年就労条件調査」厚生労働省
（10）「ワーキングパーソン調査二〇〇六年」

第三章　定着した新しい働き方

――派遣スタッフ

1　派遣はどんな人たちか

(1)　若年未婚女性が多い派遣社員

派遣という働き方が一般に認知されるようになってから、まだそれほどの年月が経過していない。「労働者派遣法」が制定されたのが一九八五年（施行は一九八六年）であるから、わずか二〇年足らず前のことである。しかも、当初は派遣で働いてよいとされる職種が一三職種に限定されており、かなり狭い範囲の仕事にしか派遣就業者は存在していなかった。

図表3－1　女性非正社員の属性や就業職種の比較(%)

	正社員	非正社員			
			パート社員	派遣社員	契約社員
多い年齢層	①25～34歳	①35～44歳	①40～49歳	①30～39歳	①20～29歳
	②45～54歳	②25～34歳	②20～29歳	②20～29歳	②30～39歳
有配偶率	47.3	64.0	69.3	36.1	38.4
主たる家計の維持者	44.2	26.1	19.4	52.0	52.1
多い職種	①事務的な仕事 44.7	①事務的な仕事 25.5	①サービスの仕事 31.0	①事務的な仕事 65.9	①専門的・技術的な仕事 72.0
	②管理的な仕事 14.7	②サービスの仕事 24.0	②事務的な仕事 23.7	②専門的・技術的な仕事 11.4	②事務的な仕事 8.6
	③専門的・技術的な仕事 13.4	③生産工程・労務の仕事 17.0	③生産工程・労務の仕事 16.4	③生産工程・労務の仕事 10.2	③生産工程・労務の仕事 7.5
学歴構成	高専・短大卒 32.9	高専・短大卒 22.9	高専・短大卒 12.2	高専・短大卒 23.7	高専・短大卒 13.0
	大学・大学院卒 18.1	大学・大学院卒 8.9	大学・大学院卒 8.5	大学・大学院卒 23.6	大学・大学院卒 27.6

(注)　正社員の年齢、有配偶率、学歴は、総務省統計局「平成16年労働力調査詳細結果」により、他は厚生労働省編「就業形態の多様化に関する総合実態調査報告」(2003年)による。

その後、一九九九年の法改正により、特定職種を除いて派遣就業が認められ、原則自由化された。これは派遣就業の拡大を一層推進する改正であった。

バブル経済崩壊後は景況が低迷し、企業は雇用のスリム化を目指し採用を手控える中で、不足する人員を非正社員で補おうとしたことが派遣拡大の背景としてある。人材を正社員として抱えることの雇用リスクを回避するために、必要なとき、必要なだけ、必要な人材を活用できる派遣の仕組みは、企業の人材活用にとって大変に都合のよいものであったのだ。法改正によって、一般事務的な仕事などにも、積極的に派遣社員をあてる企業が増加した。その結果、多様な職場や仕事に派遣社員が就業し、就業者数も増加することになったのである。二〇〇六年時点に派遣で就業している人は、一二八万人である。(1) 二〇〇〇年には三三万人であったから、六年間で四倍近くに拡大したことになる。

これらの派遣で働く人たちは、いったいどのような人なのだろうか（図表3−1）。

まずなんといっても、女性が圧倒的に多数を占めていることが指摘できる。男性は約四割にとどまり、六割が女性である。さらに、年齢構成をみると、四〇歳未満が六八％を占め、特に二五〜三四歳の占める割合は四二％と四割を超えている。(2) 一方、本章で分析の中心となる『非典型雇用者調査』による派遣社員は、過半数が未婚者である。大雑把な言い方が許されるならば、派遣は〝若い未婚女性〟の働き方だと言える。実際に、自分の職場周辺を見回してみると、そのような女性が派遣社員として働いているという状況は、珍しくないのではないだろうか。

一方で、四〇歳以上が四分の一あまりを占めているというデータからは、多様なみかたができる。ひとつは、派遣でも四〇歳以降も働き続けることが可能なのかもしれないということである。もうひとつは、子育てを終えて労働市場に再参入するときに、正社員でもパートでもなく、派遣社員として就業することが可能なのかもしれないということである。この点については後で確認する。

コラムＦ　派遣など人材ビジネスの社会的機能

人材ビジネスは、企業の労働サービス需要の充足にかかわるサービス提供を行う対事業所サービス業である。具体的には、求人情報提供事業、職業紹介事業（含むアウトプレースメント）、派遣事業、請負事業、教育訓練代行事業、労務管理代行事業などが人材ビジネスに含まれる。このうちユーザー企業の労働サービス需要の充足を直接的に担うのが派遣事業と請負事業である。この二つの人材ビジネスの社会的機能はつぎのようになる。

ユーザー企業にとっての人材ビジネスの社会的機能は、ユーザー企業に対して直接雇用を代替する労働サービス需要の充足方法を提供することにある。具体的には、人材ビジネスは、①募集・採用、②社会労働保険手続き、③教育訓練、④雇用調整などの人材活用業務を代替する。人材ビジネスを利用して労働サービス需要を充足することで、ユーザー企業は、直接雇用に伴うこうした人材活用業務を自ら担う必要がなくなる。もちろん、ユーザー企業には、人材ビジネスを活用することで、新しい業務が発生する部分もあるが（派遣活用に伴う派遣先責任者の選任など）、直接雇用による人材活用業務に比べれば業務量は少ない。人材ビジネスにとっては、ユーザー企業の人材活用業務を代替することが社会的機能でありかつ存立基盤となる。

人材ビジネスは、ユーザー企業の人材活用業務を代替し、直接雇用に代わる労働サービス需要の充足方法を単に提供するだけではない。それは、直接雇用とは質的に異なる労働サービス需要の充足策であり、ユーザー企業の人材活用における「数量的柔軟性」を高めることに貢献するものである。ユーザー企業の労働サービス需要の増減に対して迅速に対応できる方策を人材ビジネスが提供する。例えば、労働サービス需要の増大に関して直接雇用で対応するためには、人材の募集からはじまり、面接、選考、採用、配置などのために、最短でも数週間から一ヶ月を要する。しかし、派遣事業の活用を選択する場合には、それよりも短期間で派遣社員の受け入れが可能となる。ただし、派遣事業の活用は、スキルの高低は問わないが、主として汎用的なスキルを必要とする業務を担える人材の確保に限定されることになる。

人材ビジネスは、働く人々に対してどのような社会的な機能を果たしうるものであろうか。人材ビジネスは、特定の企業を超えたキャリア形成の機会を働く人々に提供する可能性を有する。働く人々のキャリア形成の範囲は、通常、当該労働者を雇用する企業内に限定される。しかし、人材ビジネスに雇用されて就業する場合は、特定のユーザー企業内でのキャリア形成のみならず、特定の企業を超えた複数の企業にわたるキャリア形成が可能となる。さらに、人材ビジネスで就業する場合には、キャリア形成が特定の企業に依存しないことから、働く人々にとっては、就業職種や就業地域の選択の幅を広げることが可能となる。もちろん、人材ビジネスで就業する人々が、特定の企業を超えたキャリア形成や就業職種などの選択の幅を広げることが可能となるためには、それを実現できるように人材ビジネスが、ユーザー企業の開拓やキャリア形成支援を考慮した配置などを行うことが必要となる。

(2) 派遣社員の一割は自分がパート・アルバイト・フリーターだと認識している

一九九九年の法改正によって派遣就業が原則自由化され、専門的な職種以外の一般事務などにも派遣社員が増加してきたことは前項で述べたが、このことは同時に、それまでの「派遣は専門的技術・知識を活かして働く」という意味合いを薄れさせることになった。派遣は、専門的技術・知識を持った人の働き方から、多様な人が働ける働き方となったのである。また、派遣社員の増加は、企業側の経営・人材戦略上の人材活用ニーズに基づくものでもあった。他方同時に、働く個人の側にも希望する仕事を、希望する時に、希望するだけ、希望する場所で働くという就業ニーズを満たすものでもあった。

結果として、派遣就業が誰でも従事できる身近なものとなり、派遣で働くことが少しも特殊なことでなくなっただけでなく、パートやアルバイトで働くことと同列の働き方と考える

図表3－2　派遣社員における自分の働き方の自己評価別にみた属性

自分の働き方のイメージ	平均年齢（歳）	未婚者割合（%）	年収調整をしている人の割合（%）	自分の収入が主な生計源ではないと回答した人の割合（%）	自分のスキルが入社6年目以上の社員に該当すると回答した人の割合（%）	給与（時間給換算：円）	片道通勤時間（分）
派遣	34.9	59.1	16.1	44.1	15.1	1355	45.0
パート•フリーター•アルバイト	36.9	38.5	38.5	53.8	0.0	1070	39.2

人たちも現れたのである。

この点を調査結果で確認すると以下のようになる。派遣社員に自分の働き方がどれに近いか、という自己評価を一二の働き方を提示して回答を求めた結果によると、派遣社員ではもちろん「派遣」を選択する人が七五・六%と大多数を占めたが、同時に「パートタイマー」「フリーター」「アルバイト」を選択する人もあわせて一〇・六%を占めた。これらの人たちにとって、「自分は派遣社員である」という自覚は希薄であると思われる。派遣就業をパートやアルバイトと区別していないのである。自分にとって都合のいい仕事を探していて、派遣会社にも登録していたら、たまたまオファーがあったので、派遣で働いている、といった感覚なのであろう。

自分の働き方の自己評価として「パート」「フリーター」「アルバイト」を選択したこの一割の人たちの特徴をみると次のようになる（図表3－2）。

①既婚者が多く、自分の収入が生計源である割合がやや低く、年収調整をしている。
②与えられる仕事は、働き方を派遣と自己評価している人と大差がないが、自分のスキル評価は低い。
③通勤時間はパートより長いが、時給は派遣だと思っている人の八割程度と安い。

つまり、家計補助のために年収調整をしつつ限定された時間内で働き、あまりスキルもないので低賃金を受け入れているという、いわゆるパートタイマーの典型的イメージに類似していることがわかる。つまり、自分の働き方に関して「パート」「フリーター」「アルバイト」と自己評価した背景がここにあると言える。

2 どこから派遣へきたのか

(1) 増加する新卒派遣

学校を卒業してはじめて就いた仕事（初職）の働き方をたずねると、非正社員として働く女性では、ほぼ四分の三が正社員で最も多くなる。パート、フリーターを加え、大多数がこの三つのいずれかの働き方で社会人としてのスタートをきっている。一方、初職が派遣であった者は一%未満にとどまる。(3) この比率は少ないようにみえるが、現在派遣で働いている人に限ってみると、学卒後の初職が派遣であった人は一割近くにのぼっている。初職が正社員以外の人が増加していることは主婦パートの章でもふれた。今後は派遣を初職とする人が増加する可能性がある。

派遣がはじめて法律的に認められた頃は、専門的な技術や知識を発揮して仕事をするという働き方が主であり、したがって専門的能力があることや正社員としての勤務経験があることが派遣として働くために求められていた。派遣として従事できる職種が拡大することによって、専門的能力がさほど高くなくても派遣として働けるようになったが、依然として勤務経験があることは求められてきた。

しかし、法改正による適用職種の拡大とともに、企業が新卒採用を抑制した九〇年代前半には、「新卒派遣」という名で、新卒者を派遣する派遣会社も出現した。これは派遣ではあるが、派遣終了後に派遣先への就業を希望して派遣の働き方を選択する者が多かった。この背景には企業の新卒採用数が激減し、非常にきびしい就職戦線の中で、新卒者たちが就職浪人よりはましと、消極的選択ながら派遣として働き始めたことが背景にある。「新卒派遣」が登場し始めた頃はなかなか派遣先への採用に結びつかず、派遣会社が使い捨てをするのではないかといった危惧の声も聞かれた。当の「新卒派遣」を選択した者の中には、「いろいろな会社や仕事を経験でき、自分の進路をよく検討できる」と積極的な評価もあった。その後、紹介を予定した派遣が派遣法改正によって認められたこともあって、新卒者が紹介予定派遣を通じて派遣先に就職することが広まりつつある。

コラムG　紹介予定派遣

求人企業と求職者の間の数回の面接等で求人企業が採用者を決め、求職者が就職先を決めるのではなく、両者が比較的長期にわたる検討期間を設定できる仕組みである紹介予定派遣が法律上、二〇〇〇年一二月から可能となった。

紹介予定派遣の仕組みは、紹介を前提とした派遣であり、派遣スタッフとして一定期間働き、派遣期間終了時および派遣期間中に、派遣スタッフが就職を希望し、かつ派遣先が採用意思を持つ場合、派遣元が、求人・求職条件を確認し、職業紹介を行うものである。なお、派遣期間終了後、派遣先が採用を希望しない場合、派遣先は派遣元に対し、その理由を通知しなければならない。

紹介予定派遣の仕組みは、求人企業にとっては、働きぶりや適性や職業能力を比較的長期間観察してから採用を決めることができ、また、就職を希望する派遣スタッフにとっては、適性にあった仕事であるかどうかだけでなく、企業の経営方針や社長の人柄、会社や職場の雰囲気など数回の面接などでは評価がむずかしい質的な情報についても検討でき、それを踏まえて就職先を決めることができる。紹介予定派遣は、経験者の採用だけでなく、新卒採用にも活用でき、紹介を目的とした新卒派遣も始まりつつある。

(2) 正社員でスタート、パートを経て派遣へ

学校を卒業した直後の初職が正社員である割合が低下しつつあるといっても、依然それが主流であることに変わりはない。では、派遣社員はその後どのような経路をたどって現在に至っているのであろうか。「非典型雇用者調査」では、初職と現職に加え、過去に経験した就業形態がわかる。三種の就業形態すべてを回答した人について、就業形態がどのように推移したかをみてみる。

現在派遣で働いている人の初職（学卒後初めての仕事）の就業形態をみると（図表3－3）、正社員が七五％と最も多く、パート・アルバイト・フリーターが一四％で続く。初職が派遣であった人は、現在の派遣社員のうち七％を占める。雇用者全体では、派遣が初職の人は一％

図表3－3　派遣社員における年齢階層別初職

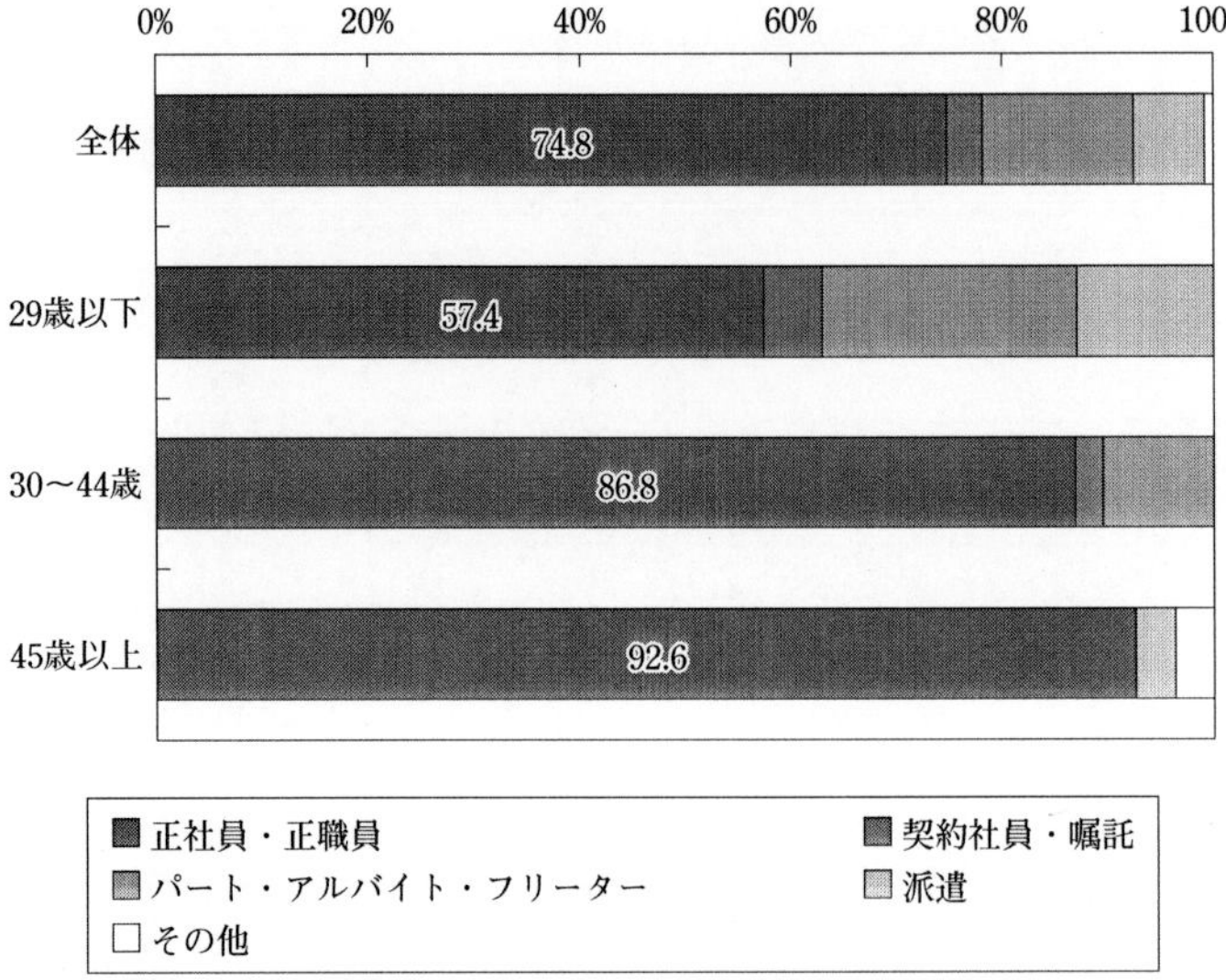

に満たないのであるから、それに比べると派遣社員は派遣として職業生活をスタートした人が多いことがわかる。

さらに現在派遣で働いている人の過去に経験した就業形態をみると（図表3－4）、初職として最も多かった正社員の人では、六〇％がパート・アルバイト・フリーターで働いた経験がある。正社員⇩パート・アルバイト・フリーター⇩派遣社員という経路を経て現在の派遣社員に至った人が多いことになる。この類型が派遣社員全体の四三％にあたる。一方、現在派遣社員のうち、初職がパート・アルバイトであった人で正社員を経験しているのは約四〇％で、この類型は派遣社員全体の六％を占める。初職が派遣でそ

図表3－4　派遣社員における初職別これまでに経験した就業形態

（複数回答、％）

初職	正社員・正職員	契約社員・嘱託	パート・アルバイト・派遣	その他
正社員・正職員	100.0	22.8	60.1	8.8
契約社員・嘱託	35.1	100.0	53.0	17.3
パート・アルバイト・フリーター	38.4	27.9	100.0	8.5
派遣	14.5	8.4	24.5	6.3

のまま他の就業形態を経験しないで現在に至っている人はそのうちの七〇％で、この類型は派遣社員全体の六％にあたる。初職が派遣であった人で、正社員やアルバイト・パートの経験した人は多くなく、あわせても三％程度にすぎない。

こうしてみると、派遣としての働き方は、今のところ「正社員やパート・アルバイトを経て到達する働き方」が中心であるとみることができる。先に指摘したように、初職で正社員になる比率が近年大きく低下し、派遣を含めた非正社員として社会人のスタートをきる人が増加している今、この経路が変化する可能性があり、今後の動向が注目される。

(3) 四〇歳代でも派遣への参入は可能か

雇用契約期間を定めない正社員では、転勤、異動、残業など拘束の度合いが強いが、派遣就業はこうした制約が弱く、自分の都合にあわせられる働き方であると認識されている。しかし、派遣で働くのは自由が大きくていいけれど、「三五歳を過ぎるとぱったり仕事がこなくなる」という意見もある。本来の派遣就業では、専門的技術・知識があれば、年齢には関係がなく働けるはずである。しかし、派遣で働ける職種が拡大され、実態としては一般事務などで就業する者が大幅に増加している。そうした職種においては、企業は若い人材を求めがちである。そのことは、職種に関係なく一般求人においても高年齢者の求人倍率が若年層に比べて低いことにも反映している。とするならば、さきの「派遣三五歳定年説」もあながち根拠がない主張とはいえないのではないかと考えられる。

そこで派遣社員について現在の派遣先での仕事継続年数を三五歳未満と三五歳以上で比較してみよう（図表3－5）。三五歳未満では「六ヶ月以下」「六ヶ月超〜一年以下」をあわせて六割以上と、短い継続期間の人が多い。一方、「五年超」と「五年以上」は合計で一割に満たない。これに対して、三五歳以上では、「五年超」と「五年以上」が合計で約三割と、長い継続期間の人が多い。三五歳以上では派遣就業への参入がむずかしいということが現実であるとすれば、ずっと同じ会社に派遣として就業している間に、三五歳の壁を通過した人

図表3－5　派遣社員における年齢階層別にみた現在の派遣先勤続年数(％)

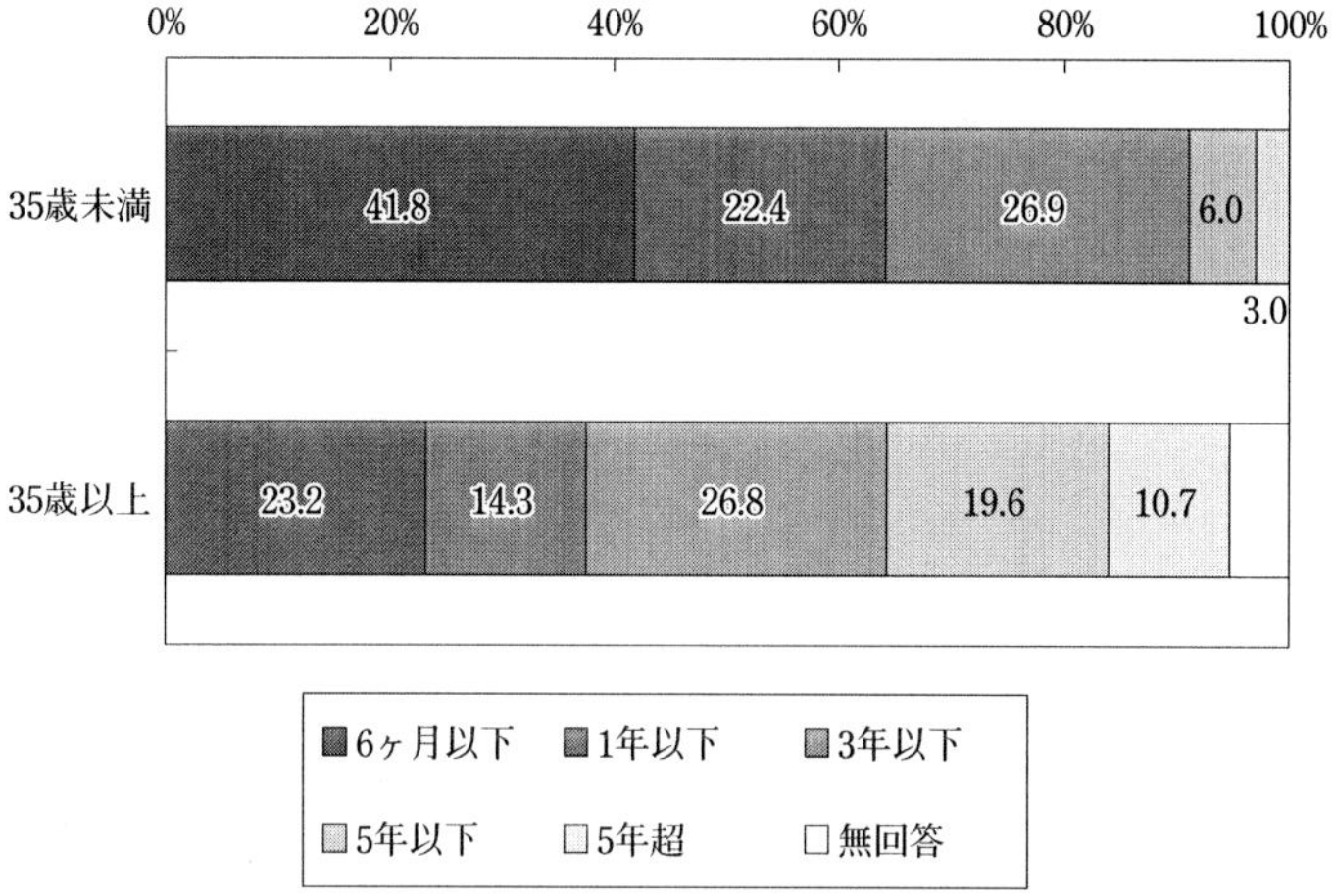

たちが主であると考えられる。しかし、三五歳以上でも「六ヶ月以下」「六ヶ月超～一年以下」という継続期間の人も合計で四割近くを占める。この層でも短い継続年数の人も決して少なくない。つまり、この四割の中には、若いときから派遣で就業しているが次々と派遣先が変わったため、現在の勤務先は一年未満しか経過していないという人もいると思われるが、このことは三五歳以上でも新しい派遣先を紹介されることがさほど珍しくないと判断することができる。同時に、この四割の中には、最近、つまり三五歳以上以降に派遣で働き始めたので継続年数が短いという人も含まれているであろう。

　このデータをみれば、確かに三五歳以上の人は三五歳未満の人に比べると現在の派遣先での継続年数は長い傾向にあるとはいえ、三五歳以降でも派遣として働き始めることが不可能であるとは断定できず、また三五歳以降でも新たな派遣先へ紹介されることも少なくないことがわかる。とすれば、先の「派遣三五歳定年説」は実態とあわないと言えるのではないだろうか。

3　なぜ派遣として働いているのか

(1)　六割は制約条件なく派遣を選択

大手企業や上場企業でも倒産したり、あるいはリストラが実施されたりすることで、正社員の雇用の安定性が以前ほど確固としたものではなくなってきている。そのため、「正社員」として働くことへのこだわりが弱くなってきたと言われる。また、転勤や残業など拘束度の高い正社員という働き方だけでなく、働く側の事情や希望にあわせて、多様な働き方が選択できるようにすべきであるという意見もある。正社員に比べて派遣としての働き方は、働き手が仕事や勤務地を選択できるなど自由度のある働き方である。もちろん登録型の派遣就業は期間の定めのある雇用契約で、契約期間が終了すれば次の仕事を探さなくてはならない。登録している派遣会社からすぐに次の仕事を紹介されればよいが、そうでないときは無収入状態に陥ることになる。このような雇用の不安定さを抱えることになる派遣就業という働き

図表3-6　現在の就業形態別にみた就業形態選択時の制約条件の有無（%）

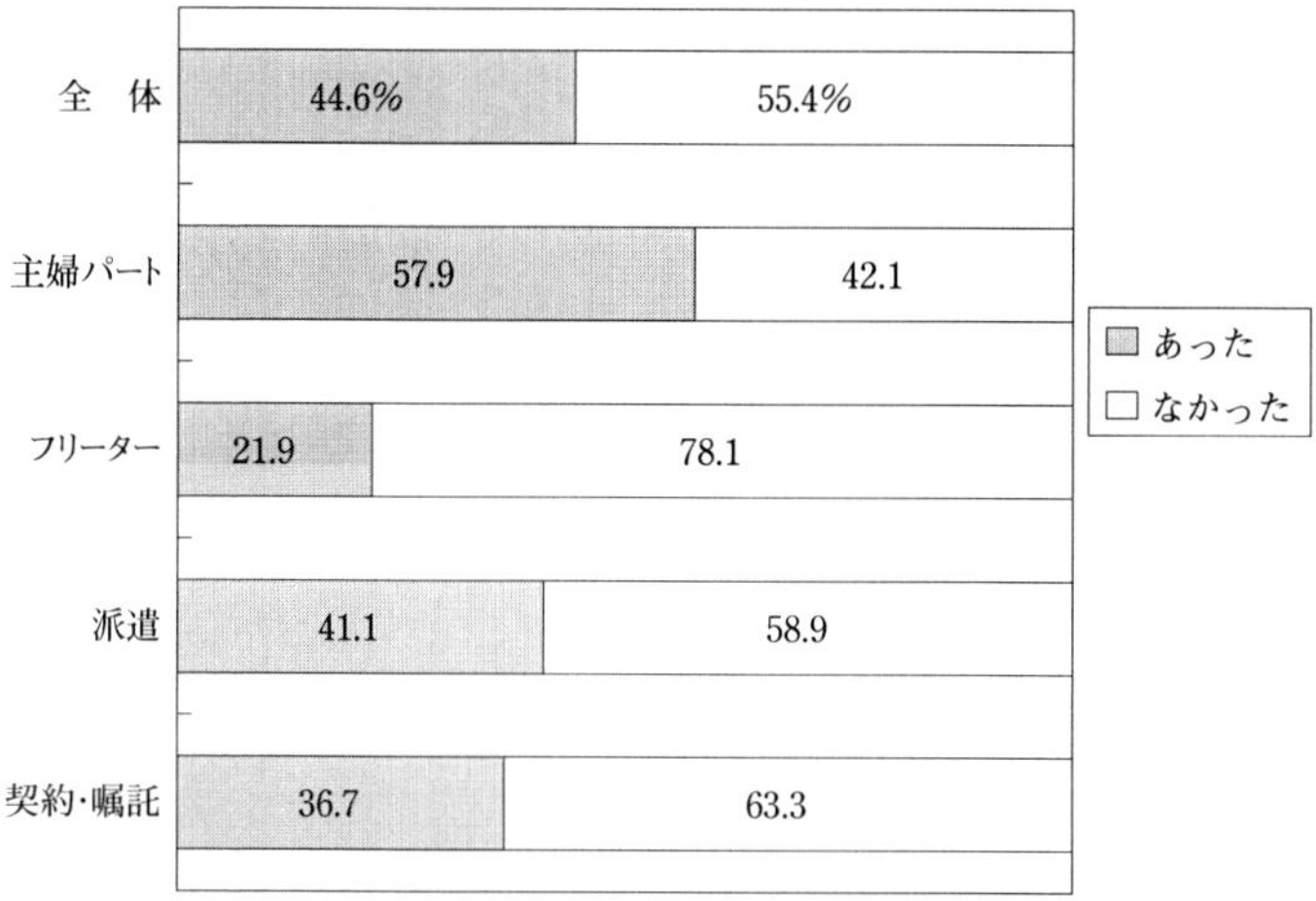

方を人々はなぜ選ぶのか。ひとつの仮説としては、派遣を選択せざるを得ない制約条件があったのではないかということである。

ちなみに、現在派遣で働いている人のうち、派遣という働き方を選択したときになんらかの制約条件が「あった」とする人は全体で四一・一%である（図表3-6）。六割の人は、特に制約条件がないにもかかわらず派遣という働き方を選択していることになる。制約条件が「あった」割合を主婦パートとフリーターの回答と比較してみると、派遣の既婚者では五三・七%と主婦パート（五七・九%）とほぼ同程度であり、派遣の未婚者では三〇・九%で、フリーター（二一・九%）をやや上回る。つまり、未既婚を考慮にいれても、派遣社員と主婦パート、フリーターの間に働き方の選択の際に存在した制約条件に大きな違いはないことがわかる。

制約条件の内容をみると、主婦パートと派遣既婚者は、ともに子どもがいること、家事をしなければならないこと、配偶者控除内に収入を抑えることが三大制約条件である。「既婚・子どもあり」という条件を除けば、そのほかのことは大きな制約条件とはなっていないようにみえる。

未婚であるフリーターと、未婚の派遣社員の制約内容も類似しており、両者とも最大の要因は「経済的余裕がなく、早く仕事につきたかったこと」をあげている。これに続くのが、「ゆっくり探す時間がなかった」「他で希望する仕事の求人はあったが、採用されなかった」である。上位二項目はいずれも時間的制約のために現在の働き方を選択したということである。これに比べると、三番目の制約内容は、「不本意選択」とでもいえるもので、他で採用されなかったからしかたなく派遣を選択したという回答である。

上記の結果をみると、パート、派遣、フリーターという働き方をそれぞれ選んだのは、未既婚という個人的環境の要素が大きく影響しているように思われる。派遣社員の六割が制約条件なしに派遣を選択したとしているが、このことは未婚者の割合が高いことが影響していると思われる。

派遣社員についてもライフスタイルをみておくと、「仕事より自分の生活を大切にしたい」

について「そう思う」（「まったくそうだと思う」と「まあそうだと思う」の合計）人の比率は七二・九％で、「豊かでなくても気ままに暮らしたい」は四六・二％で、主婦パートをわずかに下回るが、ほぼ同様の回答傾向を示している。派遣社員の多くは、自分の生活ペースを守るために、正社員ではなく派遣という働き方を選択した人たちといえそうである。

(2) やりたい仕事・職種だから派遣で働く

派遣という働き方を選択する際の制約条件は、未既婚で大きく異なっていたが、派遣先を選択した理由は未既婚で違うのだろうか。

結果は、上位三項目はまったく同じで、「労働時間や働く曜日などの条件があっている」「通勤に便利な職場だったから」「やりたい仕事・職種内容だったから」である。制約条件の有無別にみても、上位三項目の結果は同じであった。

若干異なる部分は、制約条件があった人や既婚者で「働く曜日や時間を自分の都合に合わせられるから」と「過去の経験を活かせる職場だから」が、それぞれ制約条件がなかった人、未婚者に比べて多い点である。しかし、派遣社員の中での未既婚による勤務先選択理由の違いは、働き方を選択した際の制約の違いに比べて小さいと言えるだろう。

では、他の就業形態の人たちと比べると、勤務先を選択した理由は異なるのだろうか（図

図表３－７　現在の就業形態別現在の勤務先（派遣社員は派遣先）の選択理由(複数回答、％)

	知名度が高いから	規模が大きな会社だから	やりたい職種・仕事内容だから	自分の持っている能力や技術、専門性を活かせる職場だから	過去の経験を活かせる職場だから	前に働いていたことがある職場だから	労働時間や働く曜日などの条件があっているから	働く曜日や時間を自分の都合に合わせて選べるから	通勤に便利な職場だったから	賃金が良かったから	昇進・昇格の機会がある職場だから	能力開発や教育訓練をしてくれる職場だから	適切・公正に働きぶりを評価してくれる職場だから	職場の雰囲気がよいから	家族や友人・知人の評判のよい職場だから	その他	無回答
全体	8.9	9.6	32.9	18.6	21.2	6.7	49.7	40.1	58.7	18.1	1.7	2.4	2.7	17.5	10.6	4.1	0.1
主婦パート	7.3	8.2	29.0	15.9	19.4	5.4	60.6	47.4	67.7	15.8	0.6	1.5	1.7	16.1	10.0	3.5	0.1
フリーター	8.5	7.1	37.7	15.8	19.5	8.2	37.8	39.9	54.6	20.9	3.0	3.2	3.3	23.9	11.9	5.3	0.2
派遣	16.3	19.9	40.1	31.5	33.2	7.0	51.1	26.9	44.4	32.6	1.4	3.0	2.8	13.0	6.9	5.3	-

表３－７)。これについては、興味深い結果となっている。派遣社員も「労働時間や働く曜日などの条件があっている」ことや「通勤に便利な職場」であることを理由にあげている点は、主婦パートやフリーターと同様である。しかし、「やりたい職種・仕事内容だから」「過去の経験を活かせる職場だから」「自分の持っている能力や技術、専門性を活かせる職場だから」「賃金が良かったから」の回答は、主婦パートやフリーターを上回っている。派遣が専門的技術・知識が必要な職種から一般事務職まで拡大していることを述べ

たが、それにもかかわらず自分のキャリアを活かすことや仕事内容にこだわる人たちが少なくないのである。派遣社員の中でも事務職に従事している者でも、「やりたい職種・仕事内容だから」や「過去の経験を活かせる職場だから」という回答が主婦パートを上回っており、仕事へのこだわりが強い傾向を示している。

このように仕事や職種内容にこだわる以上、賃金にも無関心ではいられない。そのため、「賃金が良かったから」をあげる人も仕事にこだわる人と同じくらいいる。

全体として仕事にこだわりがあるものの、一部には「規模が大きな会社だから」や「知名度が高いから」を理由としてあげる人も二割近くを占め、パートやフリーターを一〇ポイント前後上回っている。この派遣先の企業規模や知名度を理由とする人たちは、仕事内容や賃金についても派遣社員全体の回答より高い。これらの人たちは、勤務先に対して要求水準が高い人たちと言える。一方、やりたい仕事を理由とする人たちのうちで、規模や知名度をあげる割合は二割程度にとどまっている。派遣社員の中には、あれもこれも希望を満たさないといやだという人と、仕事・職種内容が満足できればよいという人に分かれているようである。

4　どのような仕事をしているのか

(1) 六割以上が「正社員と同じ」「ほぼ同じ」レベルの仕事をしている

派遣は専門的技術や知識を活かせる働き方として誕生した。一九九九年の法改正によって「専門的技術や能力」がそれほど必要とされない職域にまで派遣就業が可能な仕事が拡大されたのだが、実際にはどうなのか。派遣社員の職種をみてみる。

大分類（『　』で示した職種は大分類である）でみると、最も多いのは『事務職』（四六・一％）で、ついで『サービス職』（一九・五％）である。『専門職・技術職』は一四・二％にとどまっており、『事務職』や『サービス職』が派遣の中心的職種になっていることがわかる。『事務職』の中の職業小分類では「一般事務職」と「ＯＡ機器オペレータ」で過半数を占め、『サービス職』では「商品販売」が中心である。

こうしてみると、やはり派遣社員の職種は専門職・技術職という派遣法成立時の状況から大きく変貌をとげ、『事務職』や『サービス職』へと職域が拡大したことが明らかとなる。もはや「派遣は専門職・技術職である」とはいいがたい。

だが、専門職・技術職ではないとしても、派遣社員自身は、その仕事内容が正社員にひけ

図表3－8　派遣社員における正社員との仕事内容の異同別にみた仕事内容の自己評価（何年目の正社員の仕事に相当するか、％）

正社員との仕事内容の異同	入社1年目	入社2・3年目	入社4・5年目	入社6・7年目	それ以上	わからない	入社4.5年以上・計
まったく同じ内容の仕事をしている人がいる	15.6	28.1	15.6	6.3	15.6	18.8	37.5
ほぼ同じ内容の仕事をしている人がいる	23.4	27.7	10.6	4.3	6.4	27.7	21.3
同じ内容の仕事をしている人はいない	16.7	16.7	8.3	0.0	8.3	50.0	16.7
全体	19.5	22.0	10.6	3.3	8.1	36.6	22.0

をとらないと思っていることも重要である。正社員の中に自分と「まったく同じ内容の仕事をしている人がいる」（二五・二％）、あるいは「ほぼ同じ内容の仕事をしている人がいる」（三八・四％）と回答している派遣社員は六割を超えている。「派遣ならでは」の仕事に従事するのではなく、正社員が足りない部分を補う人材としての派遣社員という姿が見える。

ところで「正社員と同等」の仕事といっても、そもそも正社員が従事する仕事のレベルも多様である。そこで、派遣社員自身が現在の仕事が正社員の何年目の仕事レベルだと思っているかを聞いてみると（図表3－8）、「まったく同じ内容の仕事をしている人がいる」とした場合には、「入社六、七年目」と「それ以上」をあわせて二一・九％にのぼる。「入社一年目」という新入社員クラスも一五・六％と一定程度を占めるものの、中堅社員やベテラン社員に匹敵する仕事を

図表3－9　派遣社員における職種別にみた現在の仕事内容の自己評価（何年目の正社員の仕事に相当するか）

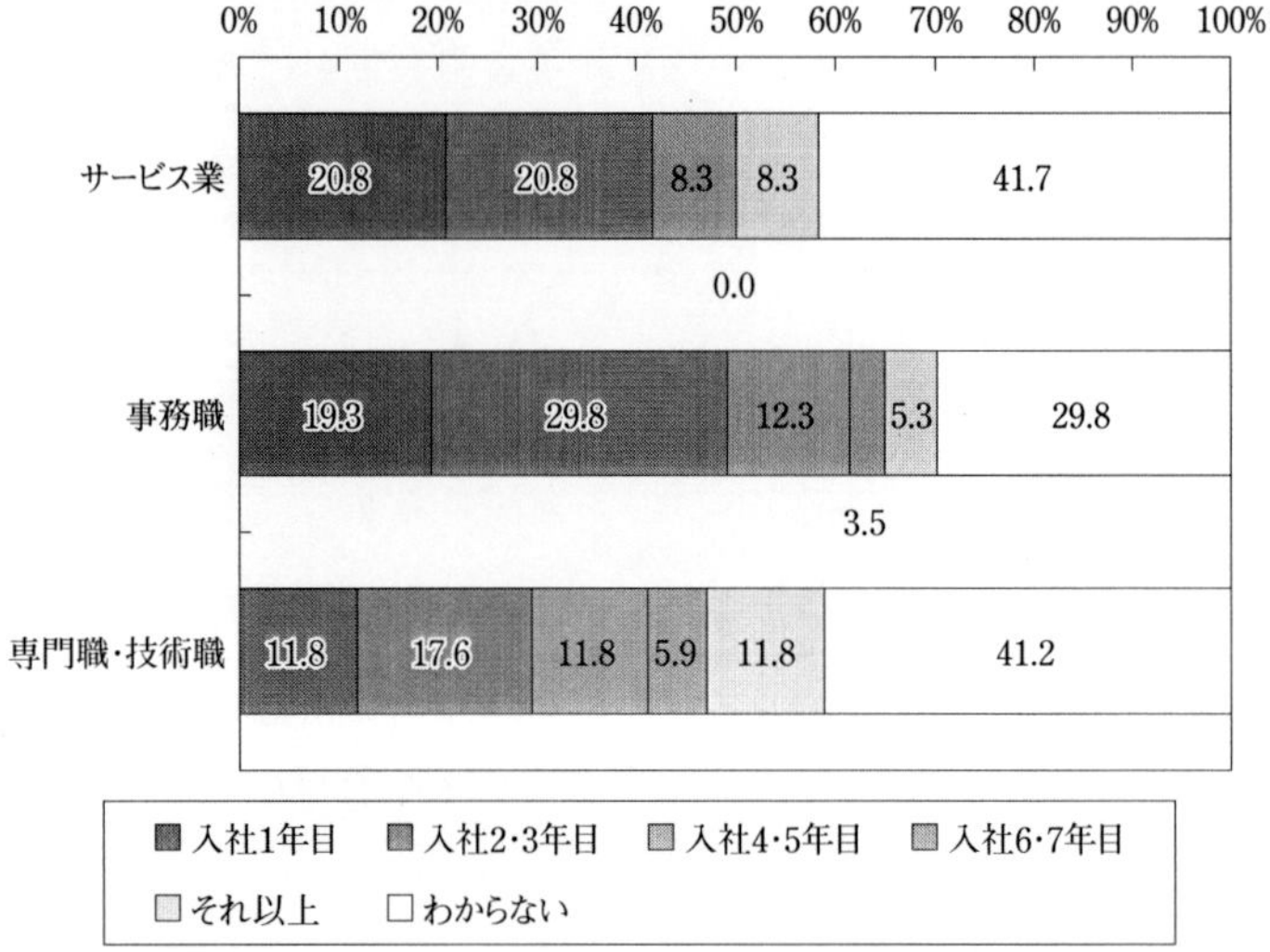

している人が多いのである。

ただ、この傾向は職種別にみるとやや差異がみられる。『事務職』や『サービス職』に就いている派遣社員の場合は、『専門職・技術職』に従事している派遣社員に比べて、正社員と同じ仕事をしている割合が低いだけでなく、仕事のレベルも「入社一年目」という回答が約二〇%と『専門職・技術職』の二倍近くにのぼっている（図表3－9）。派遣法の改正によって職域が拡大し、新入社員レベルの仕事をする人が特に『サービス職』や『事務職』で増加したことが、これらの職種に従事する派遣社員の仕事のレベルを低くさせているとみられる。

(2) 高いパソコンリテラシー

ところで、先に派遣就業者が就いている職種として「OA機器オペレーター」が多いことを示したが、それ以外の職種の派遣社員もパソコンを使用する仕事に従事している人が多い。職場で「日常的に使用している」とする派遣社員の割合は五〇・七％で「OA機器オペレーター」の仕事に従事している派遣社員の割合を大きく上回っている。主婦パートやフリーターでは職場でパソコンを日常的に使用している割合が一五％程度であることと比べると、段違いに高い。

具体的に派遣社員がパソコンを活用してできることをみると、「資料やレポート作成」は過半数の人ができると回答し、「データベースソフトを利用しての大量データ処理」や「簡単なプログラムが書ける」人もそれぞれ一五％強となっている。現在ではADSLや光通信も普及してインターネットでメールを送受信したり、いろいろな情報を検索したりするなどパソコンの利用は日常的になったが、(4) 本調査の実施時期が二〇〇一年二月であったことを考慮すれば、派遣社員のパソコンリテラシーはかなり高いと評価できるのではないだろうか。

5 どのように働いているか

(1) 複数登録者は約三割

いわゆる登録型の派遣の場合、派遣社員としての就業希望者は派遣会社に自分のスキルや希望する仕事などを登録をした後、希望にあう仕事がみつかったという連絡があるまで待機し、派遣先の職場が決定してはじめて派遣会社と雇用契約を結び就業が開始される。登録段階では複数の派遣会社に登録しても構わない。むしろ、仕事の契約終了と次の仕事の開始の空白期間をできるだけ作らないため、あるいはより有利な仕事を確保するために、複数の派遣会社に登録することが当然とも言われている。しかし、実際には派遣社員の約半数は一社のみの登録であり、複数登録をしている人は三割弱にとどまる。そして、複数登録者でも、その半数近くは二社どまりである。

登録社数が多い人は少ない人に比べて、年齢層が若い人が多く、したがって未婚率が高い。三四歳以下の割合をみると、一社登録者では半数に満たないが、二社登録者、三社登録者では七割前後に及んでいる。従事している職種も、一社登録者は『サービス職』が二七%と複数登録者を上回り、逆に『事務職』は少ない。ただ、『専門職・技術職』の割合だけは、一社登録者と三社登録者が拮抗している。

さらに、自分の働き方のイメージはなんであるか、という自己評価についても、複数登録者は「派遣スタッフ」という回答が九割前後にのぼるのに対し、一社登録者は七八・一％とやや少なくなる。さらに、一社登録者は「パート・フリーター・アルバイト」とする回答が一割を超えている。

これらの結果をみると、未婚の若い世代は、派遣として働いているという認識を明確に持ち、よりよい条件を求めて複数登録をしている人が多いように感じられる。一方、中高年の派遣社員は、若い世代よりパート感覚が強いと言えそうである。ただ、中高年層では『専門職・技術職』割合が比較的高く、現在の職場に満足しているため、複数登録の必要性を感じていない可能性もあることに留意が必要となる。

コラムH　派遣の種類と仕組み

派遣労働は、派遣元、派遣先、派遣労働者の三者の関係から構成される。通常の雇用関係では、雇用者と使用者は同じで、雇用関係（労働契約関係）と使用関係（指揮命令関係）が同一となる。しかし派遣労働では、派遣労働者は派遣元と雇用関係（労働契約関係）を結ぶことになるが、使用関係（指揮命令関係）は派遣先との間で発生する。また派遣元と派遣先の関係では、労働者派遣契約が結ばれる。

派遣業には、特定派遣事業と一般派遣事業の二種類があり、前者は常用労働者のみを派遣（常用型派遣）するもので、後者は常用労働者以外を派遣する。なお、一般労働者派遣事業は、常用労働者を派遣することも認められている。

一般労働者派遣事業は、登録型の派遣が多い。登録型の派遣とは、派遣スタッフとして働くことを希望する者が、従事したい仕事や技能レベル、さらには働きたい期間などを派遣会社に登録し、登録内容に合致した派遣先があったときに、派遣会社と雇用契約を結び、派遣先で就業する仕組みである。登録に際して派遣会社は、登録希望者の技能レベルを測定するテストなどを実施する。登録期間中は、雇用契約が結ばれていないため、賃金の支払いはない。また、複数の派遣会社に登録している者も少なくない。

派遣会社は、派遣スタッフを活用したい会社から派遣受入の依頼があると、仕事内容、技能レベル、派遣期間などから派遣先のニーズに合致した登録者を選び出し、就業の意思を問い合わせることになる。登録者が就業を希望した場合、派遣会社は登録者と雇用契約を結び、派遣先に派遣することになる。

以上のように派遣会社は、労働者の就業ニーズと企業の人材ニーズをマッチングさせる機能を果たしている。

(2) 短い雇用契約期間

「パート労働法」は雇用契約の内容を文書で明確にするよう義務付けられていることを述べたが、派遣の場合は、派遣契約の中にこれらの条件を記載することになっている。派遣社員では雇用契約について「文書を受け取った」人が半数を超えて(五二・一%)いる。「説明はなかった」という回答は少ないものの、あとは「口頭で説明を受けた」(四三・〇%)にとどまっている。他の就業形態に比べれば文書で受け取った人が多いとはいえ、派遣就業が派遣元企業、派遣先企業、派遣社員と三者が関係する複雑な契約であることを考えれば、現状の

図表3-10　就業形態別にみた雇用契約期間の定めの有無と期間

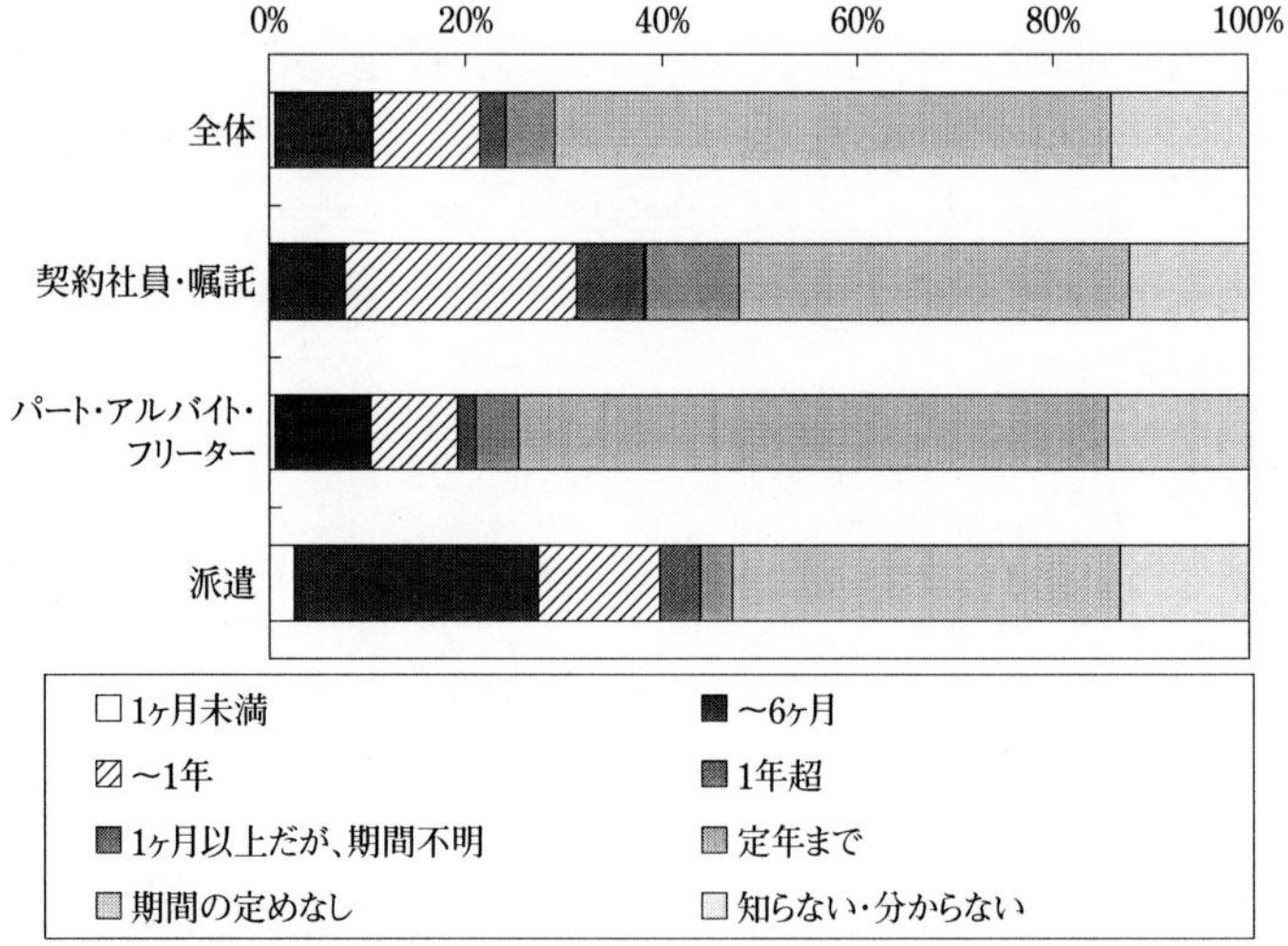

文書受け取りの割合はまだ少ないと言えよう。ちなみに、パート、派遣、フリーターをあわせた非正社員全体では労働条件や雇用契約期間について、多くは「口頭で説明を受けた」（六三・二％）にとどまり、「文書を受け取った」人は二四・六％にすぎない。

労働条件のうち、雇用契約期間についてみると（図表3-10）、「定めなし」と「一年以下」がそれぞれ四割ずつとなっている。非正社員全体に比べると、一年以下の短い契約期間の人が二倍と多い。これは、調査時点（二〇〇一年）では、派遣先における派遣受け入れ可能期間が一年以内に制限されている派遣職種があったことが影響している可能性もある。現在ではこの派遣受け入れ可能期間の制限は一部の業務に限られている。また、派遣先企業が、短期の仕事に派遣社員を活用していることもあろう。派遣社員の中には、いろいろな職場を経験できるのがよい、あるいはキャリアを積むために仕事を一定期間で変わりたいという希望もあるようで、そのことが雇用契約期間に反映しているとも考えられる。

(3) 長い通勤時間と八時間勤務

バブル崩壊後の地価下落によって、首都圏のマンション価格はいっときほど高いものではなくなったものの、東京一〇～二〇km圏で平均的サラリーマン世帯の年収の五・三〇倍となっている[5]。いきおい、住まいは職場から離れたところに取得することになり、毎朝長時間の通勤を強いられるのが首都圏のサラリーマンの典型的な姿である。

一方、主婦パートは子どもの世話や家事などのために、住まいの近隣で職を得ることが多い。勤務先選択理由でも、通勤の便がよいことが最も回答が高かったが、確かに平均の通勤時間は二〇分に満たないほど短い。他方、派遣社員の通勤時間をみると、平均四四・〇分と主婦パートのおよそ倍で、男性雇用者（五六分）に近くなる。この通勤時間は、派遣として就業するときに制約条件があったかどうかでも差がない。

週労働時間は平均で三八・九時間である。働いている曜日をみると週休二日の人が大半のようなので、おおよそ一日は八時間労働ということになる。労働時間だけをみれば、派遣社員は通常のフルタイム勤務の正社員に近い働き方と言える。

この週の労働時間についても、働き方を選択する際に制約条件があった人となかった人の間に大きな差はみられない。通勤時間、週労働時間ともに制約条件の有無で差がなく、しかも労働時間自体がかなり長いということは、派遣社員が勤務先を選択する理由としてあげる「働く時間や曜日が条件にあう」が、労働時間が短いことではなく、残業がないことなどを意味していると考えられる。この点は重要である。毎日八時間働くのは構わないが、しかしそれ以上では困るのである。働く側からみれば、残業を引き受ける必要がなく、毎日の労働時間が一定しているというメリットがあり、派遣社員はそのことを十分に承知して、派遣として働くことを選択しているとも考えられる。ある一週間に残業した人の割合を就業形態別に比較すると、派遣社員は五六％と非正社員の中では多いほうではあるが、正社員に比べればその比率は少なく、かつ平均残業時間も短い(6)。

(4) 好きなときに好きなだけ働いているか？

派遣就業は、契約が終了した時点で次の派遣先が決まっていなければ、無収入状態になってしまうことは前に述べた。これは、登録型派遣の場合に当てはまる。他方、派遣就業では雇用契約が終了しても次の仕事を引き受けなければ長い休みを得ることができるという魅力にもつながる。ある程度の期間働いては、長期の海外旅行を楽しんでいるという派遣社員の話も耳にする。現実にそういう働き方をしている派遣社員は多いのだろうか。

過去一年間に二〇日以上働いた月を回答してもらった結果からは、一見したところ派遣社員が長期休業をとっているようにはみえない。いずれの月も派遣社員と非正社員全体との間に、二〇日以上働いた人の割合は大きな差がないのである。しかし、未婚者を一人暮らしの者と同居者がいる者に分けてみると、同居者がいる者の働く日数が少ない月が多いことがわかる。この同居者がいる者は、親と同居している者が多いと考えられる。一人暮らしの者の場合は、三人に一人は毎月二〇日以上働いている（月二〇日以上が一二ヶ月）。これに対して同居者がいる者の場合は、二〇日以上働いた月が一二ヶ月の人が最も多いもののその割合は三割を割っており、さら月二〇日以上の月が四〜六ヶ月にとどまる人が同じくらいの割合で存在している。もちろん仕事が得られずに二〇日以上働けた月が少なかったという人もいるであろう。このデータだけでは断定できないが、「パラサイト」生活を送る、親と同居している未婚の派遣社員の存在が想定される。

(5) 平均時給一六〇八円、世間水準と納得

近年、雇用者の賃金はほとんど上昇していない。実質的には目減りしているのではないか

という気持ちさえ持つサラリーマンが多いのではないだろうか。実際、賃金改定を実施または予定している企業の平均定期昇給率は一・〇～二・〇％が七割以上を占める[7]。その結果、一九九〇年を最後のピークに対前年増加率は低下し続け、二〇〇二年には対前年マイナスとなった。二〇〇五年にはプラスに転じたものの、〇・一％増と小幅である[8]。

派遣も例外ではなく、二〇〇五年度の一般労働者派遣事業の平均料金は前年より四・四％減であり[9]、派遣社員の賃金も増加しているとは考えにくい。

それでは、派遣社員の賃金はどれほどなのか。時給換算したところでは、全体平均で一六〇八円である。前項でみた通り週平均労働時間は三九時間なので、計算上はおおよそ二五万円前後が平均的な月収となる。

別途たずねた年収では、「二〇〇～二五〇万円未満」にピークがある。「二五〇～三〇〇万円未満」、「三〇〇～三五〇万円未満」も多く、このあたりに集中がみられる。しかし、「九〇～一〇〇万円未満」「一〇〇～一一〇万円未満」にも小さなピークがあり、二〇〇万円未満の人は四割にも達するため、平均は一九二万円にとどまっている。

男女別平均年収は、男性（二六九・九万円）が女性（一七六・六万円）を一〇〇万円近く上回っている。時給の男女差は小さいのに、年収にこれほど格差が生じるのは、「自分の収入が主な生計源である」とする割合が男性では八割を超えるのに女性は約半数にとどまり、「年

図表3－11　派遣社員における正社員との仕事内容の異同別にみた給与評価（安いと思う人の比率、％）

	正社員との比較	仕事内容との比較	世間相場との比較
まったく同じ内容の仕事をしている人がいる	45.2	50.0	40.0
ほぼ同じ内容の仕事をしている人がいる	38.3	36.2	27.7
同じ内容の仕事をしている人はいない	26.1	30.4	29.2
よくわからない	30.0	30.0	28.6
全体	36.4	37.5	31.1

収調整をしている」人も女性では二割にのぼっていることが原因であると思われる。

派遣社員はこの賃金水準を、納得感をもって受け止めているのだろうか（図表3－11）。世間相場と比較した評価をたずねたところ、「妥当」だとする回答が最も多くほぼ半数を占めた（四九・三％）。「高いと思う」（一二・一％）もあわせると六割は納得しているようだ。

ただ、この評価も現在担当している仕事内容によって異なり、自分と同じことをしている正社員がいる場合は「安い」と感じる人が多く、いない場合は安いと感じる人は少ない。正社員に比べると年収は、若い年齢層では六五％前後であるが、三〇歳代半ば以降は正社員の二分の一あるいはそれ以下の水準であり[10]、正社員と「同じ仕事をしているのになぜ」という不満につながっているためと思われる。

6 働き方に満足しているのか

(1) 働き方にも勤務先にも満足

派遣社員は派遣という働き方をどう評価しているのだろうか。派遣としての働き方に「満足している」人の割合は七四・八％（「満足」と「どちらかといえば満足」の計）で、主婦パートをやや下回るものの、非正社員全体と同じ程度で高い水準にある。派遣として働き始めるときに「制約があった」人でもこの割合は六九・四％にのぼり、「制約がなかった」人より満足度は低いが、大きな差ではない。派遣社員の多くは基本的に派遣としての働き方に満足している。

派遣先についても、「満足している」（「満足」と「どちらかといえば満足」の計）は八〇・五％と、他の非正社員と同様に高い割合を示している。

派遣先への満足を規定する要因は多々あると思われるが、ここでは一二の項目をあげ、それぞれについての満足度をたずねてみた（図表3－12）。「満足している」（「満足している」人と「満足していない」の合計）人の割合が高いのは、「働いている曜日」「休日の多さ」「仕事と生活の両立のしやすさ」で八〇％台となっている。残業が少ない、労働時間が比較的明瞭であ

図表3-12　派遣社員における現在の派遣先満足別　職業生活の領域別満足度（満足＋どちらかといえば満足の計）

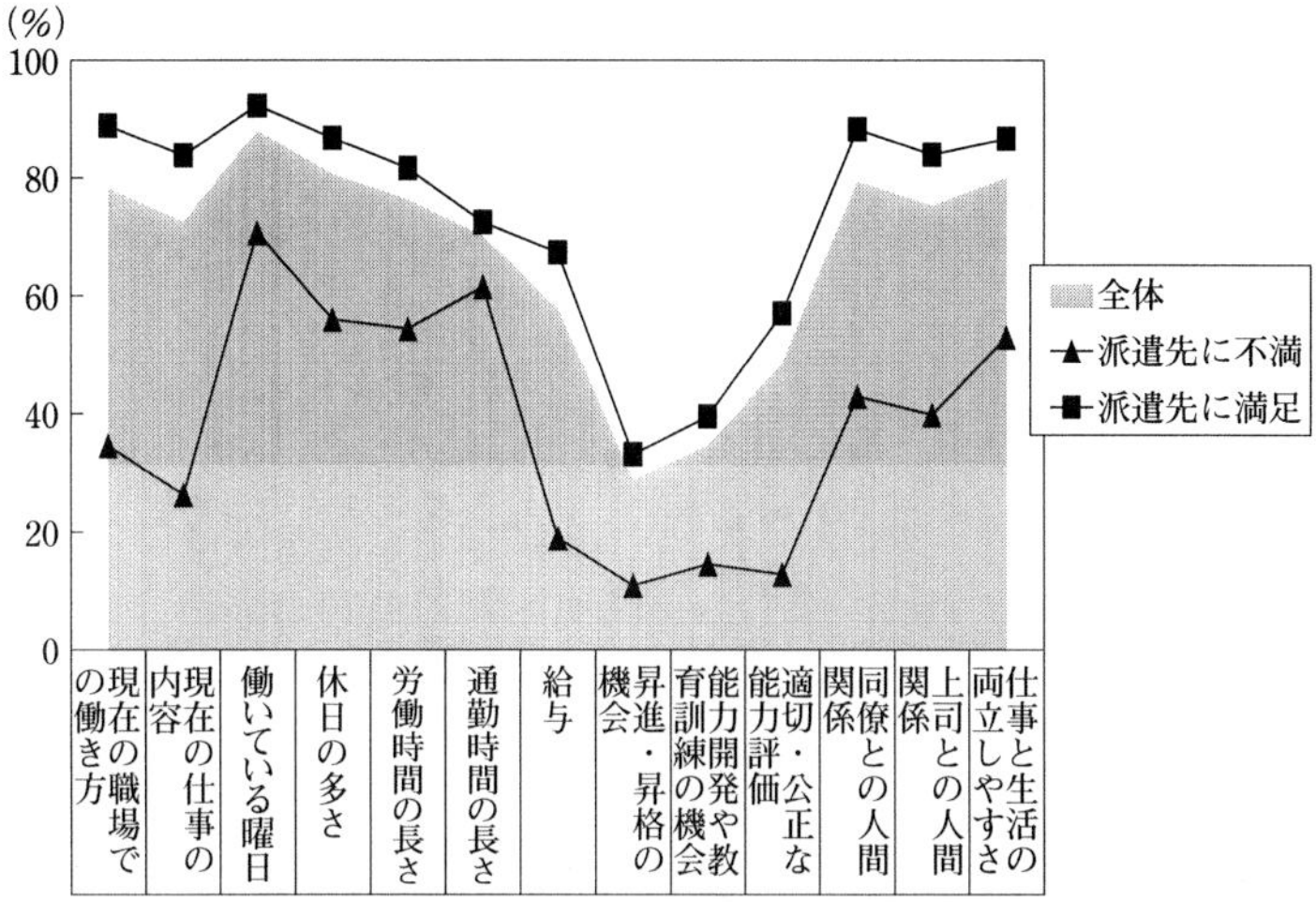

る、長期休暇をとりやすいなど、時間的ゆとりの要素について満足度が高い。

ところで派遣先に満足していない人は二割程度であるが、彼らもこれら時間的ゆとりの要素については満足度は低くない。派遣先に満足している人としていない人、両者の差が最も大きいのは、「現在の仕事内容」である。他の非正社員に比べて仕事内容選好が強い派遣社員であるため、仕事内容に満足できない場合には、派遣先への不満が高まるという構図が確認できる。このほかでは、「給与」「同僚との人間関係」「上司との人間関係」「適切・公正な能力評価」といった項目では、派遣先に満足している人としていない人で差が大きく、人間関係も主要な要素であることがわかる。

図表3-13　派遣社員に適用されている制度と適用を希望する制度(%)

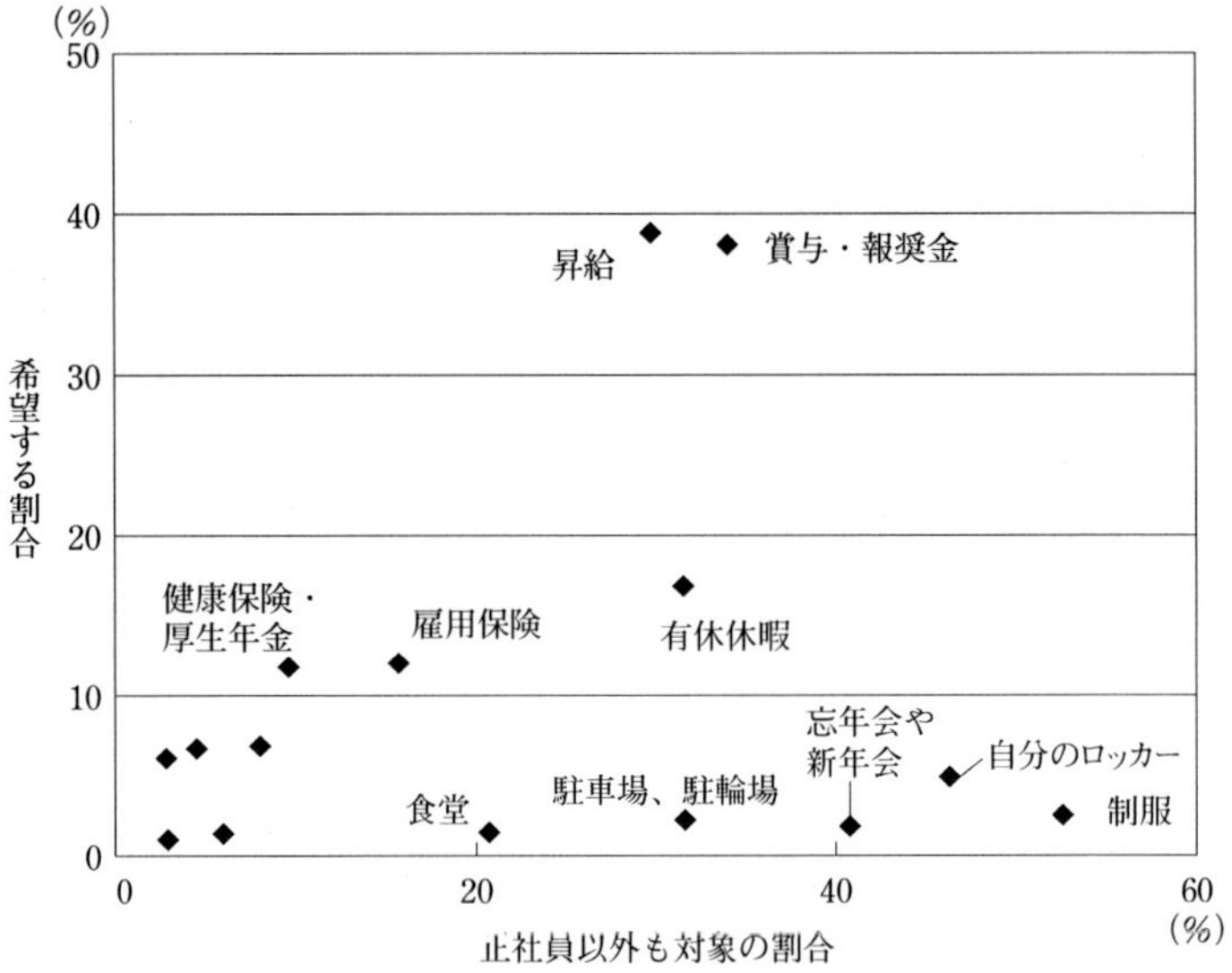

(2)　適用されている制度と適用を希望する制度の乖離が大きい

企業が人材活用の多様化を進めることによって、同じ職場内に複数の働き方の人が混在する可能性は高くなった。複数の働き方に従事している人材のマネジメントが重要な課題となるが、実際にはどのようなことが行われているのだろうか。

さまざまな人事処遇制度について、「自分に適用されている」ものと適用を「希望する」ものに関して調査を行い、現実と希望との差をみた(図表3-13)。適用を希望する制度で比率が高いのは「昇給」「賞与・報奨金」で、これらはすでに派遣社員にも適用されている比率も高い。次いで適用希望が多いのは、「有給休暇」でこれもすでに適用されている人が多い。逆に「制服」「自分用ロッカー」「忘年会や新年会などの行事」は派遣社員にも現在適用されている比率が五割以上と高いが、適用を希望する人は五％に満たない。すでにかなり適用されており、それ以上の希望が少ないとみることもできるが、あまり希望していないのに適用されているという現実があるという場合も考えられる。派遣社員がこのような人事処遇制度の適用を望んでいるかどうかは、検討の余地があろう。

「正社員・正職員への登用の仕組み」、「資格やスキルを得るための教育制度」「昇進・昇格の仕組み」の適用を希望する人は六〜七％ほどである。派遣社員へのスキル教育を熱心に行っている派遣会社も少なくないことが知られているが、それは汎用的スキルであり、限界もあろう。派遣先企業の業務内容やレベルにマッチした教育訓練を受けたいという要望が含まれているとも考えられるのではないだろうか。また、後に述べるように、派遣社員の中にも正社員としての就業を希望する者も少なくない。少数かもしれないが、スキル向上に積極的な人や、正社員として現在の勤務先で働いてみたいという派遣社員の能力開発意欲に応える仕組みが望まれる。

7　これからどこへ向かうか

(1)　ずっと、あるいは当面は働くが七五%

派遣社員は、派遣という働き方にも、現在の勤務先にも満足していることを指摘した。派遣で働き始めたときには、なんらかの制約条件があって派遣という働き方を選択した人たち（やむなく選択した人たちと考えられる）でさえ、働き方や勤務先にかなり満足していた。では、彼ら、彼女らはこのままずっと派遣として働き続けるのであろうか。

働き方を問わず就業を続ける意向があるのかどうかを確認してみると、派遣社員の過半数は「できるだけ長く続けたい」とし、働く意欲は強い。「当面は続けたい」（二五・四%）という回答もあわせると、四人に三人はここ当分働くつもりである。この割合は男女であまり差がなく、継続意欲はかなり高い。

これら就業を継続するつもりの人たちが希望する働き方は、「正社員」と「派遣社員」がほぼ同割合で拮抗している。正社員としての働き方を望むという希望が根強いことからも、派遣社員の多くは派遣という働き方をかなり肯定的にとらえていると考えることができる。

年代別にみると（図表3-14）、二四歳以下の層は「派遣社員」を希望する割合が二六・七

図表３-14　派遣社員の年齢階層別にみた今度希望する就業形態（%）

	正社員・正職員	契約社員・嘱託	パート・アルバイト・フリーター	派遣社員	業務請負	その他	特に希望する働き方はない	不明
全　体	35.6	5.6	10.0	36.7	1.1	1.1	10.0	—
24歳以下	40.0	6.7	13.3	26.7	—	—	13.3	—
25～29歳	39.3	3.6	3.6	39.3	3.6	3.6	7.1	—
30～39歳	43.8	6.3	6.3	37.5	—	—	6.3	—
40～49歳	28.6	9.5	19.0	33.3	—	—	9.5	—
50～59歳	20.0	—	10.0	50.0	—	—	20.0	—

%にとどまり、他の年代より一〇ポイント前後低い。その差が正社員希望者を増やしているのではなく、「パート・アルバイト・フリーター」や「特に希望する働き方はない」を多くしている。この世代は、正社員になりたいと強く願っているわけではなく、かといって派遣としての就業にこだわっているわけでもない。就業形態の多様な選択肢から、自分にあった働き方や仕事を探すことを志向しているようである。

(2)　スキルアップに意欲的な派遣社員

派遣という働き方が専門的な仕事に限定されなくなったとはいえ、他の非正社員に比べて賃金は高い水準にあり、派遣社員を活用する企業の側からすれば高い職業能力を求めることになる。したがって、派遣社員も職業能力を高める努力が求められることになる。事実、派遣社員は他の非正社員に比べて資格やスキルアップに取り組んでいる人の割合が高い。さらに、能力開発に対する今後の取り組み意向も高く、非正社員全体では六割弱にとどまるのに対して、派遣社員では八割近くが能力開発意欲を持っている。

このように学ぶことに意欲的な派遣社員であるが、必ずしも全員が意欲が高いわけではない。派遣社員の中で、自分の働き方の自己評価を「派遣」とした人ではスキルアップに取り組んだ人が二割を超えているのに比べ、自己評価として「パート・フリーター・アルバイト」だとした人では取り組んだ人がやや少なくなる。パート・アルバイト感覚で派遣を選択した、あるいはたまたま登録会社から派遣先を紹介されて派遣という働き方をしているだけ、という人はやや気楽な気持ちでいるのかもしれない。しかし、一般事務の仕事においても即戦力としての働きが期待される派遣社員に対しては、継続的に能力開発をすることが望まれており、派遣を活用する企業の人材活用ニーズを理解することが必要であろう。

8　まとめ

派遣スタッフとして働く人々と働き方の特徴を整理するとつぎのようになる。

第一に、派遣スタッフで働いている者の三分の二以上は女性であり、かつ四〇歳未満が七〇％以上で未婚者が過半数となっている。つまり、派遣は、若い未婚女性の働き方となっている。ただし、派遣スタッフの中には、自分の働き方に関して「パートタイマー」、「パート」、「アルバイト」と認識している者も一割おり、それらの多くは家計補助のために年収を調整しつつ限定された時間で働き、スキルはやや低く、低賃金であることを受容している傾向がみられる。

第二に、派遣スタッフとして働く者の初職やこれまでに経験した働き方をみると、正社員⇩パート・アルバイト・フリーター⇩派遣スタッフというキャリアをたどった者が多く、四割強を占める。

第三に、三五歳以上の派遣スタッフを取り上げると、そのうち現在の派遣先での経験年数が一年以下である者が四割にのぼる。この結果は、三五歳以上でも、新しい派遣先を紹介されている、あるいは三五歳以上でも新たに派遣として働き始めることができる可能性がかなりあることを示している。

第四に、派遣という働き方を選択したのは、既婚者では主婦パートと同じく、子育てや家事の必要性があり、また配偶者控除内に年収をおさえることが就業の条件であったからであり、未婚者ではフリーターと同じく、経済的に余裕がなく早く仕事に就きたかったからである。しかし、勤務先選択では自分の経験・知識・能力・専門性を活かせることや、やりたい仕事・職種であることを理由とする者が、主婦パートやフリーターよりも多く、能力発揮のために派遣を選択した者も他よりも多いのである。

第五に、派遣スタッフが従事している仕事は、『事務職』が四六％で最も多く、次いで『サービス職』が二〇％にのぼる。『専門職・技術職』は一四％にとどまり、仕事の範囲が多様化していることを示している。しかし『事務職』や『サービス職』に従事する派遣スタッフでは、勤務先の正社員と同じ仕事に従事している者が少ないだけでなく、仕事レベルが「入社一年目」とする者も多くなっている。

第六に、派遣スタッフの通勤時間は平均四四分と主婦パートの二倍近く、週労働時間平均は三九時間と、フルタイム勤務の正社員に近いものとなる。労働時間の長さからみると、派遣スタッフが勤務先に希望する「働く時間や曜日が条件にあう」とする内容は、所定労働時間が短いことではなく、残業がないことを意味しているようである。

第七に、派遣スタッフが過去一年間に二〇日以上働いた月は、他の非正社員と変わりがない。仕事に従事しない期間を長期に確保したり、好きなときに好きなだけ働いている派遣スタッフは多くない。しかし、親と同居している派遣スタッフでは、過去一年間に二〇日以上働いた月が少なくなる。仕事が得られずに二〇日以上働けなかった可能性もあるが、長期間の海外旅行などの時間を確保しながら働いている派遣スタッフの存在を示唆する。

第八に、派遣スタッフの平均時間給は一六〇八円となる。年収では二〇〇〜三五〇万円の者が多いが、二〇〇万円未満も四割にのぼる。男性では「自分の収入が主な生計源である」者が多いためか、女性より平均年収を一〇〇万円近く上回り、二七〇万円となる。

第九に、派遣スタッフは、現在の働き方にも、派遣先にも満足しているものが多くなる。今後の働き方では、正社員を希望する者と派遣を希望する者の比率が拮抗している。正社員だけでなく、派遣という働き方を肯定的にとらえている派遣スタッフが多いのである。

註

(1)「平成一八年労働力調査詳細結果年平均」総務省
(2)「平成一八年労働力調査詳細結果年平均」総務省
(3)「ワーキングパーソン調査二〇〇六年」リクルート
(4)「平成一八年度通信利用動向調査」総務省
インターネット人口普及率は、平成一二年末　三七・一%　平成一八年末　六八・五%
(5)「平成一二年中高層住宅価格の年収に対する倍率」　都市開発協会
(6)「平成一五年就業形態多様化に関する総合実態調査報告」厚生労働省
(7)「賃金引上げ等の実態に関する調査　平成一八年」厚生労働省
(8)「賃金構造基本統計調査」厚生労働省
(9)「労働者派遣事業の平成一七年度事業報告の集計結果」平成一八年　厚生労働省
(10)「ワーキングパーソン調査二〇〇六年」リクルート

結　章　増大する非正社員と人材活用上の課題

1　非正社員の実像

増大する非正社員の中から主婦パート、フリーター、派遣社員の三つの類型を取り出して、それぞれの担い手やキャリア、就業理由、仕事レベルなどの就業実態、仕事満足度、今後のキャリア希望などを働き手の視点からその実情を描き出してきた。

分析の結果、三類型の非正社員の中でも仕事レベルなど就業実態は一様でなく、多様な実情が明らかにされた。ただし、全体としてみると、現在の働き方を積極的に選択した者も少なくないこと、その結果、現在の働き方や勤務先に満足している者も多く、今後の希望に関しては三つの類型で異なるが、今の働き方を継続することを希望している者がかなりの割合となることなどが明らかにされた。この背景には、現在の勤務先（派遣先）に対する満足度がかなり高い水準にあることがある（「満足」＋「どちらかといえば満足」：主婦パート八四・〇％、フリーター七五・二％、派遣八〇・五％）。このように満足度が高い理由は、現在の勤務先や仕事では、「仕事と生活を両立しやすい」、「余暇が持てる」、「やりたい職種・仕事内容である」ことなどが比較的充足できていることがあろう。「仕事と生活を両立しやすい」や「余暇が持てる」ことを実現できることが、勤務先への満足度を高めているのは、仕事の手を抜くわけではないが「仕事よりも自分の生活を大事にしたい」というライフスタイルを支持する者が多いことも関係しよう（「まあそうだと思う」＋「まったくそうだと思う」の比率：主婦パート七七・一％、フリーター六七・二％、派遣七二・九％）。

〝はじめに〟では、非正社員に関して、正社員の雇用機会がないために、やむなく非自発的に非正社員の働き方を選択した者が多く、また不安定かつ低賃金の雇用であり、能力開発の機会も乏しく、働く人々にとって望ましくない働き方であるとの意見も多いことを指摘した。しかし働き手の視点からの分析によれば、そうした主張が、非正社員の働き方のすべてに当てはまるわけでないことが明らかにされた。非正社員のかなりは、自分のライフスタイルにあった仕事上の希望（仕事志向）を充足しやすい働き方として非正社員の働き方を選択していると言えよう。したがって、非正社員の働き方を望ましいものでないとし、非正社員の正社員化を促進することは、こうした人々の働き方の選択肢を奪うことにもなり、働く人々の希望を実現する機会を狭めることになろう。

もちろん、非正社員の働き方に改善がまったく必要ないというわけではない。例えば、仕事レベルにみあった処遇とすることなどは緊急の課題である。非正社員でも正社員と同様のスキルレベルの仕事に従事する者などが増えているにもかかわらず、補助的な仕事に従事していることを前提とした処遇が多いことによる。こうした結果、非正社員の三つの類型とも賞与や昇給の適用を求める者が多くなっていた。

また、今後従事したい働き方では正社員を希望する者が、非正社員の三つの類型で異なるが、一定比率を占める（今後就業を希望する者の中で正社員を希望する者の比率：主婦パート一三・五％、フリーター五五・一％、派遣三五・六％）。この背景には、正社員を希望したにもかかわらず、非正社員の働き方を選択せざるを得なかった者が皆無ではないこと、非正社員の働き方を選択した時と現在とで、仕事への志向が変化した者があることなどがあろう。今後の働き方として正社員を希望する者に関しては、現在の勤務先での正社員への転換や他社での正社員への転職を支援することが重要となる。

以下では、非正社員自身の視点から、非正社員を活用する企業の視点に分析の軸を移すことにしたい。企業の人材活用策が変化し、非正社員の活用が増加した背景を説明するとともに、非正社員の活用において今後重要となると考えられる均衡処遇や正社員登用に関して検討を行う。均衡処遇の検討に際して、非正社員など人材活用における課題として、正社員・非正社員の二元的な雇用区分を廃止し、両者を多元化し、連続的な雇用システムに転換することの必要性にも言及する。最後に、企業とは雇用関係にない派遣社員の活用上の留意点を取り上げる。

2　企業の人材活用策の変化とその背景

企業は、市場環境の不確実性増大への対応や迅速な事業展開の推進、さらには総人件費の削減などのために、新しい人材活用戦略を導入しつつある。そしてこのことが非正社員の活用を増加させている。

具体的には企業内部での長期の人的資源投資を前提に育成されるコア人材としてのフルタイム勤務の正社員を縮小し、他方で、短時間勤務で有期契約のパート社員やアルバイト社員、さらにはフルタイム勤務で有期契約の契約社員など雇用を拡大するとともに、自社と雇用関係のない外部社員である派遣社員や請負社員、個人への業務委託の活用を拡大するなど、企業は多様な人材の活用を推進してきている。さらに、パート社員や派遣社員などの非正社員だけでなく、企業は従来型の正社員の活用を多様化するために、勤務時間や勤務場所や労働時間の選択肢を増やし、短時間社員、在宅勤務社員、勤務地限定社員など正社員の雇用区分も多元化している[1]。

こうした企業の人材活用策の変化は、企業が労働サービス需要の変化に対して柔軟に対応できるよう、人材活用面で「数量的柔軟性」を高めることを目的としたものと言える。「数量的柔軟性」は、イギリスの研究者であるアトキンソンが考案した概念で、労働力需要の量的変動への対応能力を「数量的柔軟性」、質的変動への対応能力を「機能的柔軟性」、支払い能力と労働費用の間の連動強化を「金銭的柔軟性」と呼び、それぞれの柔軟性の向上を可能とする人材活用の仕組みとして提案された。「数量的柔軟性」の向上は、パート社員などの非正社員の活用、業務の外部化、派遣社員など外部人材の活用、さらには継続雇用ではあるがキャリアが浅く技能レベルが低いフルタイム勤務の正社員の活用（高い離職率、浅い内部労働市場）など、労働力需要の変動に対して柔軟に労働投入量の調整を可能とする仕組みによって実現できるとした[2]。

パート社員や派遣社員など非正社員は、本書で分析したように従来型の正社員とは異質なライフスタイル志向や就業ニーズを持つ者が少なくなく、新しい人事管理が求められる場合が少なくない。また派遣社員は、企業が直接雇用していないため、雇用関係にもとづかない人材活用の整備が課題となる。さらに、同一の職場に正社員、パート社員や派遣社員など異なる就業形態の人材を配置して活用する場合には、多様な人材の適切な組み合わせと同時に、円滑な連携確保のための仕組みとして異なる人材活用の間（雇用区分間、就業形態間）の均衡処遇や、雇用区分および就業形態間の転換制度の整備（正社員登用制度など）が求められる。

他方、パート社員や派遣社員など非正社員の場当たり的な活用は、多様な人材活用に起因する管理業務の増大による正社員の多忙化、正社員の人材育成機会の阻害、財やサービスの品質や生産性の低下、機密情報の漏洩などの問題を引き起こす可能性を高めることになる。(3) さらに、パート社員や派遣社員など非正社員のモティベーションの低下を引き起こすことにもなりかねない。このような問題を回避するためには、人材活用における「数量的柔軟性」を高め、コストを削減するだけでなく、仕事の質の維持向上や人材育成、さらには働く人々のモティベーションの維持向上などへの配慮が不可欠となる。とりわけ人件費を他のコスト管理から切り離して管理することが求められる。

3　「人材活用ポートフォリオ」戦略の構築

人材活用を多様化する際に直面する人材活用の課題は、人事戦略と業務内容に応じて、正社員、パート社員や派遣社員などの非正社員を合理的に組み合わせて活用することにある。これが「人材活用ポートフォリオ戦略」である。(4)

例えば、市場見通しの不確実性が高く、財・サービスの寿命が短い場合には、人材の長期育成を基本とする正社員の比重を小さくすることが合理的な人材戦略となる。また、労働サービス需要が季節や曜日や時間帯で大きく変動する場合は、労働サービス需要のボトムを正社員で充足し、それを上回る労働サービス需要をパート社員や派遣社員など非正社員の活用で充足することが合理的な人材戦略となる。こうした「人材活用ポートフォリオ戦略」を選択する際に、考慮すべき基本的な事項はつぎのようになる。

第一に、自社内で処理すべき業務と外部化可能な業務の切り分けである。自社内で処理すべき業務は、正社員や非正社員を雇用して、遂行することに適したものである。外部化可能な業務の条件としては、社内にノウハウを蓄積する必要がないこと、企業情報の社外流出の問題がないこと、他の社内業務から分離して処理可能であること、必要なノウハウなどを有する外注先（企業および個人）が安定的に存在すること、仕事の成果を測定可能な業務であること、内部で処理するよりもコスト面で割高でないこと、正社員の技能形成に不可欠でない業務であること、などがあげられる。こうした条件が整わない場合は、自社内で処理することが望ましいものとなる。

第二に、自社内で処理すべき業務が確定した後は、それぞれの業務に正社員、パート社員や派遣社員などの非正社員をどのように配置するかが課題となる。どのような人材を活用するかは、正社員と直接雇用の非正社員の人件費や、派遣社員の利用に伴う料金などのコストだけでなく、それぞれが提供可能な労働サービスの質（職業能力水準など）をあわせて考慮することが求められる。コストが安くとも、労働サービスの質が低く、その結果、財・サービスの質の低下が生じるような事態を避けなくてはならない。

第三に、直接雇用の非正社員でも、高度の専門能力を有する人材を年契約で雇用する契約社員から、いわゆる主婦パートや学生アルバイトまで多様であり、それぞれによって活用可能な業務が異なる。主婦パートや学生アルバイトを取り上げると、生活や学業を仕事よりも重視する者が多いため、企業の期待通りに労働サービスが提供されない可能性（急な欠勤、残業ができないなど）や、中長期の人的資源投資を受け入れる可能性は、正社員よりも低いことが多い。また、通勤可能圏が狭いため、両者とも転勤を前提とした人材活用は一般的に困難となる。こうした結果、主婦パートなど非正社員のすべてを中期的な技能形成を必要とする業務へ配置することはむずかしく、それらの業務は主として正社員の活用に依存することになる。このことは、主婦パートなどの能力開発を行い、基幹労働力化することが不可能であるということではない。通常の正社員と同様の働き方を非正社員のすべてに期待することがむずかしいということである。言い換えれば、パート社員などを基幹的な業務に活用するためには、能力開発やキャリア管理など人材活用上の工夫が必要となる。

第四に、派遣社員や請負社員などの外部人材の活用には法律上の制約がある。派遣社員を活用可能できる業務は、外部化可能な業務と重なるが、派遣社員の活用では受け入れ企業が直接雇用する正社員と一緒に仕事ができ、さらには受け入れ企業の正社員が仕事上の指揮命令を行うことができる。つまり受け入れ企業の正社員と派遣社員が密接な連携が必要な業務にも活用が可能となる。ただし、労働者派遣法によって、活用可能な業務や活用期間に一定の制約がある。他方、請負社員の活用では、派遣社員と異なり、個々の請負社員を受け入れた企業の正社員が、直接的に指揮命令することはできない。このように、派遣社員と請負社員とでは、人材活用する際に法律による制約がある。それぞれの人材活用の特徴に馴染む業務を選択して、派遣社員や請負社員の外部人材を適切に活用することが求められる。

第五に、派遣社員など外部人材の活用に関しては、人事部門でなく、現場の管理職に権限があることが多いことによる課題である。現場の管理職は、人材活用の専門家でないため法律面の知識を欠くこともあり、このことが人材活用に問題を生じさせることがある。人事部門としては、ラインの管理職に対して、派遣社員など外部人材の活用にかかわるガイドラインの設定や法制面を含めた情報提供が重要となる。

4 人材活用の多様化と人材活用の課題

通常、いわゆる「正社員」として想定されるのは、雇用期間に定めのないフルタイム勤務の社員であり、他方、「非正社員」として想定されるのは雇用期間に定めのある有期契約で、短時間勤務のパート社員やフルタイム勤務の契約社員であることが多い。さらに、「正社員・非正社員」という二元的な区分は、雇用形態の違いを意味するだけでなく、暗黙のうちに両者の仕事や雇用機会の質の違いを前提にしていることが多い。例えば、「正社員」は、基幹的な仕事に従事し雇用が安定し、労働条件も良好で将来のキャリアが開かれているが、「非正社員」は補助的な仕事に従事し、雇用が不安定で労働条件も低く将来のキャリアも閉ざされている、といったものである。さらには、「正社員」が「正しい」社員であり、「非正社員」は「正しくない」社員といったイメージさえある。

しかしながらこうした二元的な理解とは異なり、企業における人材活用の実態は、この枠を超えて多元化している。すでに述べたように正社員の雇用区分が多元化しているだけでなく、非正社員の雇用区分も多元化している。同時に、非正社員の中に、正社員と同じような働き方をしている者が出現し、非正社員として働く人が従事している仕事内容やキャリアを見ると、正社員・非正社員の二元的な理解では実際を見誤ることになりかねない実態があるのである。

こうした人材活用の多元化にともなう人材活用上の新しい課題は、正社員・非正社員の間にある二元的区分および固定的なイメージを取り除き、仕事やキャリアの実態にもとづいて雇用区分を再編成することが必要となる。そうすることで企業が雇用する人材を、その働き方に応じた雇用区分に整理して、処遇することが可能となるのである。これは正社員・非正社員を統合した人事制度の構築に結びつくものとなろう。

5　非正社員の基幹労働力化と均衡処遇の取り組み

人材活用の多元化の背景には、企業が直接雇用する非正社員であっても仕事への関心や意欲の高さに応じて、徐々に高度な仕事を任せることで、育成し活用することに取り組んできたていることがある。これがいわゆる基幹労働力化である。また、積極的に高度な仕事を割り振ることは、非正社員の仕事への関心や意欲をさらに高めたり、定着をうながしたりすることにつながる。その結果、非正社員であっても比較的長期間にわたり育成し、活用することが可能となる。もちろん、仕事内容の高度化や技能の伸びに応じて賃金水準を改訂する仕組みを設けるなど、人事処遇制度面の工夫も同時に必要となる。例えば、職能資格制度を非正社員に適用することなどがこれに当たる。

非正社員の基幹労働力化は、同時に人材活用に新しい課題をもたらすことになる。例えば、パート社員を取り上げると、パート社員の基幹労働力化の結果として、短時間勤務であっても従事している仕事がフルタイム勤務の正社員と同一である者や、仕事内容が異なっていても職務遂行能力がフルタイム勤務の正社員と同水準あるいはそれ以上の者が出現することになる（図表結-1参照）。

こうした結果、パート社員の処遇を仕事内容や貢献など働きに応じて決定するだけでなく、正社員の処遇水準との均衡を図ることが不可欠となる。パート社員の処遇内容が、同様の仕事を行う正社員と比べて低いままでは、パート社員の間に、正社員との処遇格差に対する不満を高めかねないことになる。パート社員を活用する上では、処遇格差を合理的なものとし、パート社員の処遇に関する納得性を高め、仕事や技能向上への意欲を維持することが重要と

図表結-1　パート社員の基幹労働力化の現状（事業所調査）

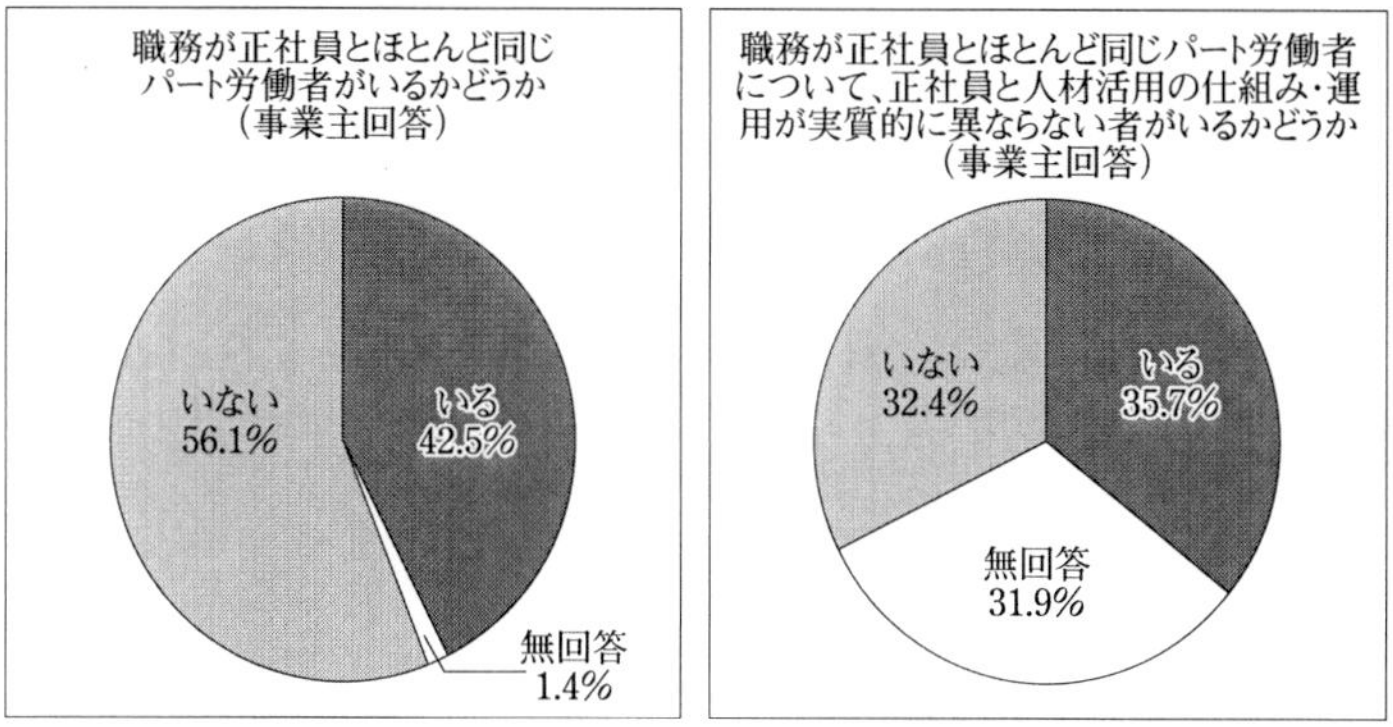

（資料）（財）21世紀職業財団「平成17年パートタイム労働者実態調査」
（注）「パート労働者」：正社員以外の労働者で、呼称や名称にかかわらず、１週間の所定労働時間が正社員より短い労働者

なる。

正社員と短時間勤務のパート社員の間での、仕事内容や働き方に応じた処遇の均衡に関して、二〇〇八年四月に施行される改正パート労働法が基本的な考え方を整理している。均衡処遇を含めた改正パート労働法の主な内容は、つぎのようになる。

第一に、パート社員に関しては労働基準法において義務づけられた事項に加えて、一定の事項（昇給、賞与、退職金の有無）を明示した文書等の交付を事業主の義務とすること、第二に、パート社員と正社員（法では「通常の労働者」と定義）の均衡ある待遇の確保に関して、職務、人材活用の仕組み、運用等および就業の実態の差異に応じた規定を設けること、第三に、パート社員に関して、正社員への転換の推進に向けた措置を講じること、

などからなる。

均衡処遇の内容は図表結－2のように整理できる。つまり、a)職務、職業生活を通じた人材活用の仕組み・運用等および雇用契約期間等の就業の実態が正社員と同じであるパート社員に関しては、その待遇については差別的取り扱いが禁止された（ルールI、職務関連の賃金だけでなく生活関連手当や退職金などを含めて正社員に適用されている処遇制度のすべてをパート社員に適用する、図表結－2の①）。b)正社員と職務が同一で、人材活用の仕組み・運用等の就業の実態が一定期間について同じであるパート社員に関しては、職務関連の賃金（基本給、賞与、役付手当等の勤務手当および精皆勤手当）の決定方式に関して両者で共通にするように努めること（ルールII、図表結－2の②）。c)その他のパート社員に関しては、正社員と均衡ある待遇を確保するため、パート社員の職務、意欲、能力、経験、成果等を考慮して、職務関連の賃金を決定するように努めること（ルールIII、図表結－2の③と④）である。

ルールIの「差別的取り扱いの禁止」の対象となるパート社員は、担当する仕事の内容が正社員と同じで、人事異動の幅や頻度・役割の変化・人材育成など人材活用の仕組み・運用のあり方も「長期」でみて正社員と実質的に同じで、無期契約あるいは有期契約であっても実質的に無期契約と見なしうる者である。さらに、ルールIIの対象となるパート社員は、担当する仕事の内容などが正社員と同じで、人事異動の幅や頻度・役割の変化・人材育成など

図表結－2　均衡のとれた待遇の確保のための基準

【短時間労働者の態様】通常の労働者との比較			賃金		教育訓練		福利厚生	
職務（仕事の内容及び責任）	人材活用の仕組み（人事異動の有無及び範囲）	契約期間	職務関連賃金 ・基本給 ・賞与 ・役付手当等	左以外の賃金 ・退職金 ・家族手当 ・通勤手当等	職務遂行に必要な能力を付与するもの	左以外のもの（ステップアップを目的とするもの）	健康の保持又は業務の円滑な遂行に資する施設の利用	左以外のもの（慶弔見舞金の支給、社宅の貸与等）
①同視すべき者								
同じ	全雇用期間を通じて同じ	無期or反復更新により無期と同じ	◎	◎	◎	◎	◎	◎
②職務と人材活用の仕組みが同じ者								
同じ	一定期間は同じ	－	□	－	○	△	○	－
③　職務が同じ者								
同じ	異なる	－	△	－	○	△	○	－
④　職務も異なる者								
異なる	異なる	－	△	－	△	△	○	－

◎…短時間労働者であることによる差別的取り扱いの禁止　○…実施義務・配慮義務
□…同一の方法で決定する努力義務　△…職務の内容、成果、意欲、能力、経験等を勘案する努力義務
（出所）厚生労働省資料による。

人材活用の仕組み・運用のあり方が「中期」でみて正社員と実質的に同じである者である。

担当する仕事の内容などが正社員と同じパート社員であっても、人材活用の仕組み・運用のあり方が、社員と異なる者については、処遇の決定方式を異にしてよいが、職務、意欲、能力、経験、成果等を考慮して、職務関連の賃金を決定することで社員との処遇の均

ト社員に関しても同様の取り扱いとなる（ルールⅢ）。改正パート労働法を適用することによる効果が図表結-3となる。

改正パート労働法に示された考え方を基本として、正社員とパート社員との間の公正な処遇の実現を図ることは、パート社員の処遇に対する納得感を高めることにつながるものとなり、そのことはパート社員の仕事や技能向上への意欲をさらに向上させることが期待できる。

ところで、処遇に関して、パート社員が自分の処遇を比較する対象は正社員とは限らない点に留意することが重要である。例えば、パート社員が、フルタイム勤務の契約社員などと同じ職場で働いているとすれば、契約社員との処遇の違いが関心事となろう。契約社員とパート社員との間で、仕事内容や働き方などが類似しているケースが少なくない。それにもかかわらず、両者の間で処遇に大きな格差があると、処遇水準が低い者に不満が生じかねない。したがって、パート労働法の適用対象外であるが、人事管理上は、有期契約でフルタイム勤務の契約社員など、パート社員以外の雇用区分との間についても、仕事内容や働き方に応じた処遇の均衡を図ることが人材活用上の重要な課題となる。

図表結－3 パート労働法の効果(イメージ)

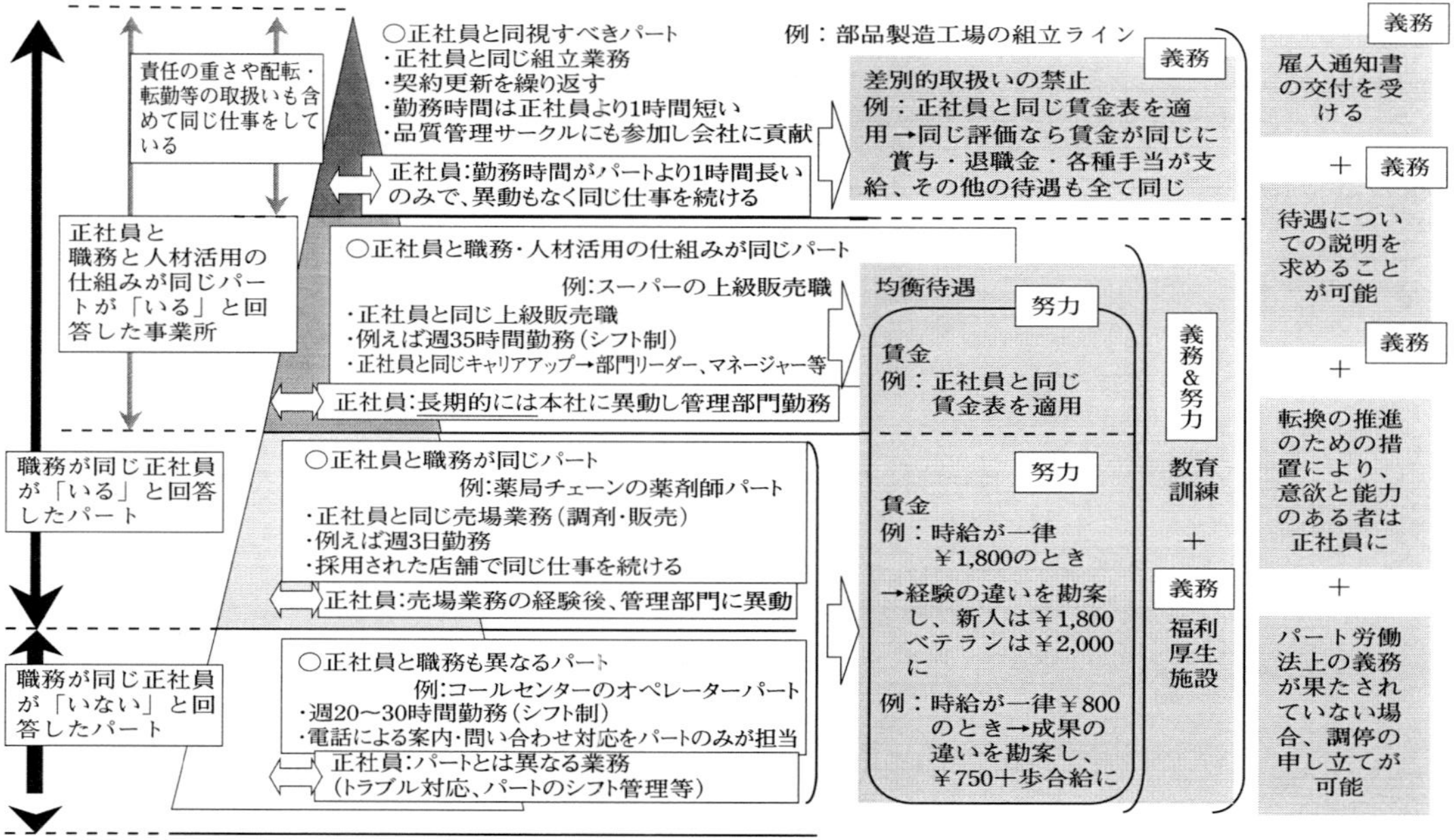

(出所) 厚生労働省資料による。

6　非正社員の正社員登用の仕組み

非正社員のまま人材を長期的に育成し活用することには、異動の範囲が制約されることや契約更新を辞退されるなどといった限界がある。非正社員として採用した人材をより長期的に育成し活用していくためには、正社員に登用することで、長期的なキャリア形成のルートにのせることが必要となる場合もある。そこでここではパート社員を対象に取り上げて、正社員登用の課題を検討しよう。(5)

コラムEと重複することになるが、正社員登用の主なメリットは、第一に、パート社員の中で優秀な人材を正社員へ登用することで、労働条件を改善しキャリアを広げて、その定着や仕事意欲の向上をうながすことである。

第二に、パート社員として採用した優秀な人材に、正社員に登用することで、より高度な教育訓練の機会を与えられることができ、人材を長期的に育成しつつ活用することが可能となる。

第三に、パート社員から正社員を登用する際には、社外から正社員を採用する場合と比べて、実際の仕事ぶりをみて、その能力や仕事への意欲について適切に把握した上で、正社員として選抜することができる。

第四に、企業の知名度の低さや業種のイメージなどから採用力が弱い企業にとっては、正社員登用の制度は、正社員を補充する有効な仕組みとなる。

第五に、パート社員の募集に際して、正社員登用の機会があることを示すことで、採用条件を魅力あるものにできる。

第六に、パート社員の仕事や技能習得への意欲を高められる。パート社員として働く人の中には、正社員として雇用されることを望む者がいることによる。

以上のように、パート社員に対して正社員登用の機会を設けることには、さまざまなメリットがある。

前章までの分析によると、非正社員の中で正社員登用制度を希望する者の比率が低いことが明らかにされたが、この背景には、正社員登用制度の運用が整備されていないことも影響していよう。そこで、正社員登用制度の運用上の留意点をパート社員を例としてあげておこう。

第一に、正社員登用は本人の意思に即して行うべきである。正社員として勤務する場合、フルタイム勤務やシフト勤務、残業などによる時間的拘束度の高まりや、仕事内容の変更など柔軟な対応が要求されることが少なくない。他方、パート社員の中には、そうした仕事や時間などでの拘束を望まない者が少なくない。このためパート社員の希望に反して正社員に登用してしまうと、かえって仕事への意欲をそいだり、勤続を困難にしたりしてしまうこととなる。

第二に、正社員登用の機会について、登用の対象となりうるパート社員に広く知らせることが有効である。正社員登用の機会が適用されるパート社員に対して、正社員登用制度の存在、正社員登用の手続き、登用者の選抜基準などを周知させることである。このことによって、パート社員として働く幅広い範囲の人材に、正社員登用の機会に向けて働くインセンティブを与え、仕事や技能形成への意欲を持たせることができる。

第三に、正社員に登用する人材の選抜に際しては、現在の働きぶりだけでなく、登用後の正社員としての働き方に柔軟に対応できるかどうかを評価する必要がある。正社員として働く際には、パート社員として働く場合と比べ、創意工夫をしたり、チームワークの中でリーダーシップを発揮したりする能力が、いっそう必要とされることが多いことによる。パート社員として正社員の指示の範囲内で仕事を十分に遂行できていても、登用後の仕事が十分に遂行できるとは限らない。正社員への登用者を選抜する上では、登用の候補者に、正社員に準じた仕事を割り振ってみるなどして、正社員としての働き方に対応できる能力を事前に評価しておくことが不可欠となる。

第四に、正社員登用の機会を有効に機能させるためには、パート社員の中から正社員に登用すべき優秀な人材を発見したり、パート社員に正社員登用の機会に向けて働く意欲を持たせたりする現場の管理職の存在が欠かせない。

7　派遣社員の活用上の課題

派遣社員を活用するだけでなく、派遣社員に意欲的に仕事に取り組んでもらうためには、直接雇用する正社員とは異なる新しい人材活用の取り組みが企業に求められる。

第一の理由は、派遣社員の活用は、派遣先、派遣元（派遣会社）、派遣社員の三者間の関係で成立することによる。その結果、正社員や直接雇用の非正社員の場合とは異なる新しい人材活用策が不可欠となる。具体的には、派遣社員を活用する企業（ユーザー企業）からみると、業務に配置すべき人材を選ぶことはできず、人材の募集・採用の機能は派遣会社が担うものとなる。ユーザー企業は、派遣会社が選定した人材を派遣契約による業務に配置し、業務遂行に関する指示を行うことになる。そのため、派遣会社は、派遣社員の能力開発に密接に結びつく、業務への配置や業務にかかわる指揮などを行うことができない。他方、ユーザー企業は、仕事ぶりなどを評価してそれを派遣社員の処遇に直接反映することができない。評価・処遇は、派遣会社が担うべきものとなる。このように人材活用にかかわる管理機能が、ユーザー企業と派遣会社で分担されることになる。こうした結果、ユーザー企業と派遣会社の連携が、派遣社員の人材活用に際してはきわめて重要なものとなる。

第二の理由は、派遣社員の仕事やキャリアへの志向が、直接雇用の下で仕事に従事する正社員とは異なることが多いことによる。その結果、ユーザー企業と派遣会社のそれぞれは、派遣社員の仕事やキャリアにかかわる志向に即した人材活用を求められることになる。例えば、派遣社員の中には、会社よりも仕事へのコミットメントが強かったり、派遣社員として働き方を希望し就労している者だけでなく、できれば派遣を辞めて直接雇用として働くことを希望したりする者など多様な層が含まれている。こうした結果、派遣社員に意欲的に仕事に取り組んでもらうためには、派遣社員の中に直接雇用の社員とは異なるキャリア志向を持つ者が含まれること、また、派遣社員の中のキャリア志向も多様であることに留意することが不可欠となる。

登録型の事務系の派遣社員を対象にした個人調査によると、派遣社員の仕事への取り組み意欲を高めるためには、ユーザー企業と派遣会社の両者の取り組みの連携が重要なことが明らかにされている。(6) この先行研究によれば、下記の点が明らかにされている。

第一に、ユーザー企業の人材活用として仕事内容・人材要件の明確化やOJT、評価、物的環境の整備や情報共有の促進などが充実している場合には、派遣社員の働く意欲が高まる。この働く意欲は、ユーザー企業での仕事意欲だけでなく、ユーザー企業や派遣会社への勤続意欲にもプラスの影響を及ぼす。

第二に、派遣会社の人材活用として仕事紹介やＯＦＦ－ＪＴ、処遇、苦情処理や福利厚生などの管理が充実している場合には、派遣社員の働く意欲（特に派遣会社での勤続意欲）が高まる。

第三に、ユーザー企業と派遣会社の双方の人材活用が充実している場合には、派遣社員の働く意欲が最も高くなる。

以上によると、ユーザー企業と派遣会社の両者は、派遣社員に対する人材活用を充実させることが必要となることがわかる。ユーザー企業と派遣会社のそれぞれが担える人材活用の範囲は限定されるが、両者がそれぞれの管理を充実させることで、派遣社員の仕事意欲だけでなく、ユーザー企業での勤続意欲や派遣会社での勤続意欲を高めることができる。つまり、派遣社員を活用するユーザー企業が、派遣社員の働く意欲をより高めるには、人材活用が充実した派遣会社を選んで派遣社員を活用することが求められると言える。

8　まとめ

非正社員の雇用機会が拡大してきた背景には、企業が、市場環境の不確実性の増大などに対応するため、人材活用の多様化を展開してきたことがある。この人材活用の多様化は、パートなど直接雇用する人材と派遣など外部人材の両者でみられる。他方で、人材活用の多様化は、企業の人材活用に新しい課題をもたらしている。

第一は、活用業務や必要となる技能の特質に応じて、正社員やパート社員など直接雇用する人材と派遣社員など外部人材の適切な組み合わせを設定することである。場当たり的な人材活用は、技能継承や仕事の質の低下などをもたらすことになる。

第二は、非正社員は、正社員と異なるライフスタイルや就業ニーズを持つ者が少なくないため、それに即した人材活用を行うことが必要となる。

第三に、非正社員であっても、配置される仕事が高度化し、正社員の仕事と重なる部分が拡大していることから、正社員とパート社員など直接雇用する人材の間における処遇の均等・均衡化への取り組みが重要となっている。非正社員であっても仕事や能力に即した処遇が必要で、そのためには正社員・非正社員の区分を廃止し、両者を統合した雇用や処遇の整備が課題となる。

第四に、パート社員など非正社員に対する正社員への転換制度の整備は、人材確保や能力開発、さらには就業意欲の向上にとって有効な施策となる。正社員転換制度は、雇用管理面からみた処遇の均等・均衡化のための取り組みとも言える。

第五に、派遣社員など外部人材活用では、直接雇用の場合と異なる人材活用が必要となり、とりわけユーザー企業と派遣会社など人材ビジネスとの連携が重要になる。パートナーとなりうる人材ビジネスの選択が、ユーザー企業における人材活用の鍵となる。

第六に、パート社員などの非正社員だけでなく、派遣スタッフなど外部人材を含めて人材活用の担い手は、人事部門だけでなく現場の管理職である。とりわけ、外部人材の活用では、従来以上に管理職の人材活用能力の向上が課題となる。また、派遣など三者関係に基づく人材活用では、直接雇用とは異なる法律面の知識が必要となる。

註

（1）雇用区分の多元化に関しては、佐藤博樹・佐野嘉秀・原ひろみ「雇用区分の多元化と人事管理の課題」『日本労働研究雑誌』二〇〇三年九月号を参照されたい。
（2）「柔軟な企業モデル」に関しては、今野浩一郎・佐藤博樹『人事管理入門』日本経済新聞社、二〇〇二年の二二六頁から二六九頁を参照されたい。
（3）生産現場における請負社員の活用が、技能継承や品質などにマイナスの影響を及ぼしていることに関しては、佐藤博樹ほか「生産現場における外部人材の活用と人材ビジネス(1)」（東京大学社会科学研究所人材ビジネス研究寄付研究部門研究シリーズ、No.2（二〇〇四））の第二章を参照されたい。
（4）詳しくは佐藤博樹編『パート・契約・派遣・請負の人材活用』日経文庫、二〇〇四年を参照されたい。
（5）正社員登用制度の運用実態に関しては佐藤博樹「若年者の新しいキャリアとしての『未経験者歓迎』求人と『正社員登用機会』」『日本労働研究雑誌』二〇〇四年五三四号を参照されたい。
（6）詳しくは、島貫智行「派遣社員の働く意欲を高める人事管理」（佐藤博樹・高橋康二・島貫智行『派遣スタッフの就業意識・働き方と人事管理の課題』東京大学社会科学研究所人材ビジネス研究寄付部門研究シリーズNo.9、二〇〇六年を参照されたい。

あとがき

本書は、増大する非正社員の中から主婦パート、フリーター、派遣社員の三者を取りあげて、それぞれの担い手やキャリア、就業理由、仕事レベルなどの就業実態、仕事満足度、今後のキャリア希望などの実像を働き手の視点から描き出したものである。

非正社員の働き方の実像を働き手の視点から明らかにするために、リクルート ワークス研究所が実施した「非典型雇用労働者調査」を分析に利用した。この調査は、調査の内容が豊富であるだけでなく、つぎの利点がある。

第一に、主婦パート、フリーター、派遣社員の非正社員を取り上げ、同じ設問で調査が実施されているため、相互に比較可能となっている。非正社員を対象とした調査は多いものの、主婦パートなどその一部を対象としたものが主で、非正社員の各類型を比較できる大規模調査はきわめて少ないため、この点が本調査の利点と言える。

第二に、調査対象者を地域住民から抽出しているため、小規模企業で働く非正社員が調査に含まれている。厚生労働省が実施している「就業形態多様化に関する総合実態調査」は、パート社員や派遣社員など多様な非正社員を含めた個人調査であるが、調査対象が一定規模以上の事業所（九四年調査は事業所規模三〇人以上、九九年調査と二〇〇三年調査は事業所規模五人以上）に働く者に限定されている。そのため、調査対象規模よりも小さい事業所で働く非正社員は対象に含まれていない。

このように、「非典型雇用労働者調査」は、企業規模を問わず多様な非正社員を対象としているため、非正社員の働き方の実像を多面的に把握できるものとなっている。本書で明らかにされた非正社員の働き方の実像を踏まえて、企業の人材活用のあり方や働く人々の就業条件の整備が進展することを期待したい。

本書での分析が可能となったのは、お忙しい中、「非典型雇用労働者調査」にご回答いただいた六〇〇〇人の皆様のご協力によるものである。また、「非典型雇用労働者調査」の再分析による出版をお認めいただいたリクルート　ワークス研究所の大久保幸夫所長及び調査プロジェクトのメンバーに感謝したい。

リクルート ワークス研究所のご厚意で、「非典型雇用労働者調査」のマイクロデータは、東京大学社会科学研究所のＳＳＪデータアーカイブ（http://ssjda.iss.u-tokyo.ac.jp）に寄託され、学術研究に利用できるようになる予定である。多くの研究者の皆さんが、このマイクロデータを活用して、非正社員の働き方に関してさらなる研究を展開されることを希望している。

最後に、勁草書房編集部の松野菜穂子さんには、本書の構成など多くの点について貴重なアドバイスをいただくとともに、読みやすいかたちに編集していただいた。厚くお礼を申し上げたい。

二〇〇七年八月

佐藤博樹・小泉静子

著者紹介

佐藤博樹（さとう　ひろき　東京大学社会科学研究所教授）
1953年東京都に生まれる。一橋大学大学院社会学研究科博士課程単位取得退学。法政大学経営学部教授を経て、現職。
主著、『成長と人材』（共編、勁草書房、2003年）、『人事管理入門』（共著、日本経済新聞社、2002年）、『日本企業の品質管理－経営史的研究』（共著、有斐閣、1995年）。

小泉静子（こいずみ　しずこ　元㈱リクルート ワークス研究所主任研究員）
1948年生まれ。1971年㈱日本リクルートセンター入社。1973年より調査担当として、主に人材関連調査に携わる。2001年６月より2007年３月まで㈱リクルート ワークス研究所主任研究員。
主な調査研究は『2000年の労働力需給に関する調査研究』『ワークスレポート』『ワーキングパーソン調査』など。

不安定雇用という虚像　パート・フリーター・派遣の実像

2007年11月15日　第１版第１刷発行
2008年２月25日　第１版第２刷発行

著　者　佐《さ》藤《とう》博《ひろ》樹《き》
小《こ》泉《いずみ》静《しず》子《こ》

発行者　井　村　寿　人

発行所　株式会社　勁《けい》草《そう》書　房

112-0005 東京都文京区水道2-1-1　振替 00150-2-175253
（編集）電話 03-3815-5277／FAX 03-3814-6968
（営業）電話 03-3814-6861／FAX 03-3814-6854
堀内印刷所・鈴木製本

http://www.keisoshobo.co.jp

不安定雇用という虚像
パート・フリーター・派遣の実像

2023年9月20日 オンデマンド版発行

著者 佐藤博樹
小泉静子

発行者 井村寿人

発行所 株式会社 勁《けい》草《そう》書房

112-0005 東京都文京区水道 2-1-1 振替 00150-2-175253
（編集）電話 03-3815-5277／FAX 03-3814-6968
（営業）電話 03-3814-6861／FAX 03-3814-6854
印刷・製本 （株）デジタルパブリッシングサービス

 AM084

ISBN978-4-326-98591-3 Printed in Japan